RACIONAIS MC'S
Sobrevivendo no inferno

Arthur Dantas Rocha

RACIONAIS MC'S
Sobrevivendo no inferno

Cobogó

Para Maria Clara,
amor maior que o mundo me deu,
inspiração infinita.

SUMÁRIO

Sobre a coleção **O LIVRO DO DISCO** — 9

Salve! — 11

O CALDO — 13

A realidade (muito triste) da necropolítica — 21

Negritude dos quatro negros mais perigosos do Brasil — 27

Trauma do racismo, trauma da classe — 31

"O rap é a arte do blefe" — 39

Um desvio necessário — 47

A RECEPÇÃO/DECEPÇÃO — 51

"Realidade violenta dos Racionais MC's" — 65

Os rappers, os intelectuais, os artistas, um boato persistente e a força do grupo ao vivo — 69

O ÁLBUM — 91

PAPO RETO FINAL — 157

Discos e vídeos — 161

Referências bibliográficas — 163

Sobre a coleção O **LIVRO DO DISCO**

A coleção O Livro do Disco foi lançada em 2014, pela Cobogó, para apresentar aos leitores reflexões musicais distintas sobre álbuns que foram, e são, essenciais na nossa formação cultural e, claro, afetiva. Inspirada inicialmente pela série norte-americana 33 1/3, da qual publicamos traduções fundamentais, O Livro do Disco hoje tem uma cara própria, oferecendo ao público livros originais sobre música brasileira que revelam a pluralidade e a riqueza da nossa produção.

A cada título lançado, o leitor é convidado a mergulhar na história de discos que quebraram barreiras, abriram caminhos e definiram paradigmas. A seleção de álbuns e artistas muitas vezes foge do cânone esperado. Isso se dá, sobretudo, devido à formação diversa dos autores: críticos, músicos, pesquisadores, produtores e jornalistas que abordam suas obras favoritas de maneira livre, cada um a seu modo — e com isso produzem um rico e vasto mosaico que nos mostra a genialidade e a inventividade encontradas na sonoridade e nas ideias de artistas do Brasil e do mundo.

O Livro do Disco é para os fãs de música, mas é também para quem deseja um contato mais aprofundado, porém acessível, com o contexto e os personagens centrais de trabalhos que marcaram a história da música. Em tempos de audição fragmentada e acesso à música via plataformas de *streaming*, (re)encontrar esses discos em sua totalidade é uma forma de escutar o muito que eles têm a dizer sobre o nosso tempo. Escolha seu Livro do Disco e se deixe embalar, faixa a faixa, por sons e histórias que moldaram — e seguem moldando — nossas vidas.

Salve!

Inicialmente, gratidão à minha família, em particular, Maria Clara, Sofia e Gabriel, que alumiam meus dias com a vitalidade de suas presenças. Evidentemente, Fred Coelho e Mauro Gaspar, organizadores da coleção O Livro do Disco, e Bernardo Oliveira, que me colocou nessa jogada. A toda a equipe da Cobogó, minha gratidão. Alexandre De Maio, guerreiro do rap, atencioso em ceder sua voz fundamental ao livro. André Capilé, diálogo que se somou ao resultado final — o mesmo digo ao querido Lauro Mesquita. Ao irmão, que também fez essa jornada extrapunkprumextrafunk na juventude, João Paulo Nascimento, que ajudou com as notações musicais e foi o primeiro leitor de alguns trechos esparsos. A Thiago França, que também somou com uma leitura apurada da parte final do livro. Ao meu mano Ismael Pereira, que deu um suporte mais do que necessário na consultoria psicanalítica. A Leandro Roque de Oliveira, aquele rasante louco sobre o livro que apontou questões que só ele conseguiria mostrar. Ao meu amigo e parceiro na escuta de rap/pagode ali na meiuca dos anos 1990, Alisson "Boi" Alencar, porque o que começou ali está aqui também. A toda a comunidade do hip hop sul-mineiro. A todas as comunidades pobres das zonas sul do Brasil. E, como manda a etiqueta, divido os possíveis louros, mas os erros e desacertos estão todos em meu nome. Nóiz!

O CALDO

> Segue a rima então, eu digo din-din-dom,
> Eu sei, o Rap é o som.
> Eu grito sou negão, fogo na bomba então
> Eu lembro, senhor tempo bom
>
> — XIS, "Segue a rima"

Os Racionais MC's, para minha geração — ou melhor, para quem da minha geração teve contato com sua obra —, correspondeu a uma enorme e poderosa revelação. Para um garoto de classe média baixa e suburbano, era todo um leque de vivências, experiências e sabedoria que não estavam à disposição no ABC paulista da pós-ditadura. Racismo, tema frontal na obra do grupo, não era assunto nem principal nem transversal nas escolas. Nas casas das famílias brancas proletárias era um tema, no mínimo, obtuso. Só que nas ruas ele surgia, e de maneira cruel. Ainda era possível se referir a um colega negro como macaco ou urubu. Foi inicialmente com *Raio X do Brasil* (disco de 1993, mas que conheci no fim de 1994) que para mim o antirracismo virou tema e também meta: como se portar em um mundo de racismo estrutural sem ser um cuzão?

O punk rock surgiu no meu horizonte um pouco antes de eu conhecer o *Raio X do Brasil* (um ou dois anos parecem uma baita experiência quando se é adolescente) e já me apresentara subúrbios, periferias e temas com o qual o rap lidava (porque junto com os Racionais vieram Thaíde & DJ Hum, NDee Naldinho, DMN, GOG e tantos outros). No entanto, foi Ice Blue, um dos Racionais, quem me ensinou que eles eram muitas pessoas, um universo, uma invenção do povo, e não estou falando mais a respeito somente dos quatro integrantes, como eles mesmos alertam. Quando surgiu no horizonte a possibilidade de escrever um livro sobre seu mais emblemático disco, *Sobrevivendo no inferno*, essa multidão de vozes tinha de estar inclusa, seguindo essa premissa. Adequei e reinventei prerrogativas que surgiam na escrita com essa polifonia, de gente cuja vida também foi transformada pelo grupo, pessoas que aparecem ao longo do volume e na bibliografia explico de onde as "convidei" para participar deste livro. A cultura do *sample* está presente também na escrita. Desse modo, este livro formou um bonde pesadão.

E se o disco *Sobrevivendo no inferno*, dos Racionais MC's, se tornou tão emblemático da virada de século no país como uma "crônica da vida das classes subalternas do Brasil urbano", e tanto tem sido dito sobre sua potência, é porque assume certos paradoxos — o mais visível é o jogo proposto pelas figuras do bandido e do pastor (ou bandido-pastor), que, se não se equivalem proporcionalmente no álbum, ao menos se emaranham por teias comuns em que se tornam muitas vezes tipos indistintos. Isso espelha tal complexidade que, certamente, é gritante nas relações raciais e socioculturais do país.

Com o breve estudo "O evangelho marginal dos Racionais MC's", que precede a edição em livro das letras do disco, o professor Acauam Silvério de Oliveira cristaliza esta visão ao explicar que "a figura do professor autoritário dos primeiros discos cede lugar à postura do pastor-marginal". Ainda que discorde parcialmente dessa ponderação — o álbum anterior *Raio X do Brasil* já trazia um narrador sem "olhar distanciado e senhor da verdade", mas sem a potência presente em *Sobrevivendo no inferno* —, acredito que essa ideia é de fato central no álbum e um bom caminho para desvendá-lo. A palavra nesse disco exerce o papel de "portadora de uma verdadeira teologia da sobrevivência". Quem, dentre os fãs, nunca ouviu que este seria o disco "evangélico" do grupo, por exemplo? Este é um tema que sempre esteve em disputa por parte dos admiradores.[1]

Respeitando esse caráter tão evidente, pretendo trazer outras ideias que me parecem muito importantes para sacar esse disco por inteiro e partilhar aspectos mais ou menos conhecidos pelos fãs, e expandi-los quando possível, sem alienar ninguém no processo. Quero fazer jus ao que Mano Brown diz: "A ideia é monstruosa por não ser só minha! Quando a ideia é coletiva se torna monstro. A ideia é monstra, a necessidade é monstra, o problema é monstro, a gente não, nós somos carne e isso é frágil." O papo aqui é coletivo e as ideias "monstruosas" desse disco são fortes demais por si só. Não me interessa também "esticar o chiclete" demais, tentarei manter o papo eletrizado e devidamente claro para o que vem depois.

Em seguida, apresento um apanhado geral do que foi dito sobre os Racionais MC's, desde que lançaram esse disco

---

[1] Um fã, MC Empada, fez um trabalho incrível nesse sentido. Analisou os versos da faixa "Capítulo 4, versículo 3", tecendo considerações teológicas e aproximações com versos bíblicos diversos. Ver: https://mcempada.wordpress.com/category/projeto-cap-4-vers-3/. Acesso em: 1/8/2019.

fundamental na carreira, de forma que seja possível sentir o drama no qual eles atuavam. O trabalho dos Racionais tem a força dessas verdades avassaladoras que rompem com a mentira há muito cultivada em uma sociedade cordial. E assim é de esperar que a relação com o quarto poder, a imprensa, nem sempre teve o caráter que tem hoje, quando o grupo já é reconhecido não só pelos fãs de rap como uma força única da música brasileira. Por fim, teço considerações específicas sobre cada canção do disco, alinhavando opiniões de terceiros com as minhas próprias — ideias que encontrarão ressonância neste capítulo inicial.

É necessário, antes de tudo, apresentar os protagonistas desta história. Racionais MC's é um grupo brasileiro de rap fundado em 1988. Seus integrantes são Pedro Paulo Soares Pereira, o Mano Brown, MC, compositor e líder do grupo; Paulo Eduardo Salvador, vulgo Ice Blue, MC, ambos originários da região do Capão Redondo, zona sul extrema de São Paulo; Edivaldo Pereira Alves, o Edi Rock, MC e compositor; Kleber Geraldo Lelis Simões, o KL Jay, DJ do grupo — ambos oriundos da zona norte da capital paulista. É o grupo mais conhecido da segunda geração de rappers de São Paulo, e os membros vindos de lados opostos da cidade foram alinhados pelo produtor cultural Milton Sales.

O que captou minha atenção desde sempre no álbum *Sobrevivendo no inferno* — mesmo quando ainda estava saindo da adolescência e o escutei pela primeira vez — foi a precariedade, a quase certeza de morte próxima dos personagens retratados no disco (essa percepção veio antes de qualquer consideração de base estética, a qual chegou depois trazendo muitos outros questionamentos). Deixando de lado, ao menos neste momento, seu valor estético, não podemos ignorar o fato de ser justamente seu álbum mais duro, menos palatável, que conquistou o país "da ponte pra lá" (os bairros centrais, as elites). É bom lembrar que "da ponte pra cá" (a periferia, os pobres e os negros), o Sul ou Sudeste maravilha, os Racionais já haviam sido escolhidos como um de seus porta-vozes diletos. É o golpe mais duro que joga o oponente na lona. O trabalho de Jó que se insinua nesta obra, uma operação cheia de sacrifícios e paciência, dado por certo o contexto de violências reais e simbólicas no qual o país mergulhou, torna a "fúria negra" rediviva de *Sobrevivendo no inferno* tão urgente quanto outrora. A cidade aparece como palco das crônicas e é definida em termos políticos pelos vetores de dominação e resistência: poder dos de cima e potência negra/periférica. E potência, no campo da arte, define, esmiúça e bota em curto-circuito o poder. "Seu jogo é sujo e eu não me encaixo", diria Brown no álbum *Nada como um dia após outro dia*, síntese absoluta do que mostraria ao país em 1997.

Ainda que eu sentisse os personagens retratados no disco ao alcance de meus braços, eu não fazia parte daquele grupo. Chegar aos 40 anos, para mim, nunca pareceu contrariar alguma estatística, como canta Brown: "27 anos, contrariando a estatística." A vulnerabilidade à qual os personagens das músicas estavam submetidos dizia respeito a seu tom de pele, sobretudo. *Sobrevivendo no inferno* era um ato de coragem. "Ó, vós que entrais, abandonai toda a esperança" marcava a entrada no inferno dantesco e não causava apreensão. E mesmo que a realidade evocada por uma voz do coro — a de Primo Preto na introdução de "Capítulo 4, versículo 3" — traga dados que conferem dimensões fatalistas ao desafio, as diversas vozes no disco evocam a fé, uma fé difusa, pouco ortodoxa, talvez confusa (mas leal e intensa?). Armas são empunhadas e o que resta é se ver como "mais um sobrevivente" ao fim do périplo mortal retratado em 12 faixas. Mas sobreviventes do quê? O que seria o inferno no álbum?

A realidade (muito triste) da necropolítica

A primeira questão a ser colocada trata do inferno da necropolítica, tal qual foi exposta pelo pensador camaronês Achille Mbembe: práticas institucionalizadas de extermínio para o controle das populações. O racismo estrutural determina quem é digno de viver e quem não é e quem vai transitar entre essas duas dimensões, em estado de constante vigília.

No caso brasileiro, essa característica, evidentemente, sempre esteve presente em nosso Estado, e ainda que evoque instabilidades de toda ordem — sociais, psíquicas etc. — nas populações afetadas, dificilmente vemos a sociedade civil organizada tratar essa situação como crise humanitária, o que de fato ela é. O extermínio e o encarceramento em massa da população jovem, negra e pobre ainda hoje está longe de ser vista como escandalosa, por mais que reconheçamos a força do movimento Mães de Maio, da movimentação coletiva em torno da morte de Marielle Franco e a revolta recente com as mortes de crianças negras nas periferias e favelas brasileiras, para pontuar alguns poucos exemplos.

Mbembe confere perspectiva e fala da necropolítica em termos claros:

É verdade que sempre se viveu num mundo profundamente marcado por diversas formas de terror, isto é, de desperdício da vida humana. Não é novidade que se viva sob terror, logo, no regime do desperdício. Historicamente falando, uma das estratégias dos Estados dominantes sempre passou por expandir e lançar terror, confinando as manifestações mais extremas a um terceiro lugar racialmente estigmatizado [...].[2]

No passado, explica Mbembe, este terceiro lugar foi o regime de plantação durante a escravatura, hoje o "gueto ou, à semelhança dos Estados Unidos contemporâneos, a prisão". Assim, estado de exceção e desacerto social tornam-se norma. Para o autor, o caso palestino seria paradigmático enquanto necropolítica, porque "populações inteiras são o alvo do soberano, [...] a vida cotidiana é militarizada e é outorgada liberdade aos comandantes militares locais para usar seus próprios critérios sobre quando e em quem atirar". Por fim, o autor propõe que "as formas contemporâneas que subjugam a vida ao poder da morte (necropolítica) reconfiguram profundamente as relações entre resistência, sacrifício e terror".[3] Não é à toa que temos algumas Faixas de Gaza no Brasil. E se isso não te faz pensar nas nossas periferias e favelas, amigo, definitivamente você vai passar incólume por *Sobrevivendo no inferno*.

Importante lembrar que as ideias de Mbembe foram forjadas tendo em vista o neoliberalismo,[4] o "regime do desper-

---

[2] Mbembe, Achille. *Políticas da inimizade*. Lisboa: Antígona, 2017, p. 59.
[3] Mbembe, Achille. *Necropolítica*. São Paulo: N-1 edições, 2018.
[4] "Por neoliberalismo entenda-se uma fase da história da humanidade dominada pelas indústrias de silício e pelas tecnologias digitais. O neoliberalismo é a época ao longo da qual o tempo (curto) se presta a ser convertido em força reprodutiva da forma-dinheiro" (Mbembe, 2015, p. 13).

dício", uma ideia e uma prática sobre o papel do Estado que alcançavam estágio perigoso em nosso país justamente quando o "disco da cruz" era lançado. E o álbum é um antídoto às (necro)políticas do neoliberalismo, que em tudo ecoam odes ao individualismo, ao empreendedorismo e uma sanha ardente em acabar com qualquer coisa que lembre o bem-estar social.

Mas, ainda que *Sobrevivendo no inferno* seja um trabalho pensado de uma perspectiva popular e profundamente antissistêmico, acredito que a força maior esteja no fato de ser uma obra que não negocia nem faz loas ao principal mito civilizatório nacional: a cordialidade. Francisco Bosco, em artigo para a revista *Cult*, explica que

> o primeiro Lula [...] foi a voz anticordial na política brasileira [...]. O primeiro Racionais foi, por sua vez, a voz anticordial na cultura brasileira, inspirada pelo racialismo dos negros estadunidenses, veiculada numa forma seca, franca e direta, capaz de internalizar e capturar o sentido da violência brasileira de uma maneira sem precedentes.

Racializando sua forma de situar seus personagens e histórias, o grupo teve um impacto sem precedentes na cultura popular e fez com que seus ouvintes tivessem de lidar com uma das faces do país: a intolerância racial. Longe de ser circunstancial, é fundamental para entendermos a desigualdade social, a violência e o porquê de sermos uma democracia tão frágil. A questão racial é crucial para nos situarmos politicamente no mundo, porque nos faz pensar sobre diferença e inimizade, como propõe Mbembe, sobre o princípio de eliminação, de segregação ou de purificação da sociedade. Assim, para que fique mais claro o papel da questão racial em sociedades multirraciais, fruto de processos colonizadores, esse tema assume funções de instrumento disciplinar — segundo Sueli Carneiro —, ditando relações de soberania entre as nações racialmente inferiorizadas. De forma paradoxal, raça também passa a ser o elemento unificador da produção da diáspora africana que fez com que emergisse, como explica Ecio Salles, "a capacidade dos negros de redimir e transformar o mundo moderno por meio da verdade e da clareza de percepção que emergem de sua dor".

O livro *Sobre o autoritarismo brasileiro*, de Lilia Moritz Schwarcz, oferece uma série de dados que mostram a exclusão da população negra em nossa sociedade, com acesso mais precário à saúde, ao emprego, à educação, ao transporte e à habitação. A pesquisa elenca as enormes disparidades no mercado de trabalho (em 2016, segundo o IBGE, negros "ganham 59% dos rendimentos de brancos"), tempo de vida e gênero.

> Em resumo, os números traduzem condições muito desiguais de acesso e manutenção de direitos, e dados de violência elevados, mas que mantêm um alvo claro: rapazes jovens e moradores das periferias do país. Segundo o Índice de Vulnerabilidade Juvenil à Violência (IVJ) de 2017, os índices apresentados "evidenciam a brutal desigualdade que atinge negros e negras até na hora da morte".[5]

O RZO, grupo parceiro dos Racionais, sintetiza "as condições muito desiguais de acesso e manutenção de direitos" descritas acima na música "O trem", clássico do rap nacional

---

[5] Schwarcz, Lilia Moritz. *Sobre o autoritarismo brasileiro*. São Paulo: Companhia das Letras, 2019.

e portadora de versos eternizados por sua dicção incomum, rimas e ideias afiadas: "Assim que é/ Sem proceder não para em pé/ Realidade é muito triste/ Mas é no subúrbio sujismundo/ O submundo que persiste o crime/ Pegar o trem é arriscado/ Trabalhador não tem escolha/ Então enfrenta aquele trem lotado."

É possível dizer que os Racionais MC's, em *Sobrevivendo no inferno*, apresentam um recorte da realidade necropolítica brasileira a partir de e com a periferia negra. Se esse ponto de vista foi bastante ignorado no decorrer da história, contar de uma perspectiva participativa e comunitária causa ainda hoje uma sensação de frescor e ineditismo inaudita, quando não estranheza, a depender do ouvinte. "Há predisposição do rapper em ser contestador e nem sempre as pessoas que estão ao meu redor são assim, e eu preciso delas ao meu lado para me dar essa noção do que é e do que eu queria que fosse o povo também", sintetiza Mano Brown. Leci Brandão expressou com mestria essa perspectiva participativa em seu samba "Pro Mano Brown", cantando "porque vale a pena cantar/ vale a pena pensar/ na vida da plateia".

Negritude dos quatro negros mais perigosos do Brasil

Se os Racionais mudaram a perspectiva sobre a questão da negritude de forma profunda, como sugere Spensy Pimentel, ao escrever que "muitos dos 'manos' e 'minas' hoje envolvidos por um verdadeiro 'laço fraterno', [...] tinham vergonha da cor, do cabelo e do bairro onde moravam", vale também atentar para o que diz o antropólogo Kabengele Munanga quando aponta que "se o processo de construção da identidade nasce a partir da tomada de consciência das diferenças entre 'nós' e 'outros', não creio que o grau dessa consciência seja idêntico entre todos os negros".[6] A negritude dos Racionais afirma uma identidade muito mais periférica e classista do que essencialista ou culturalista, para ficar em abordagens mais conhecidas do tema.

Em entrevista à revista *Rolling Stone*, Brown esmiúça a formação política radical do grupo e como ela reverbera por toda a trajetória deles. Há um trecho, em particular, que é fundamental para entender o próprio disco e os versos "permaneço vivo, prossigo a mística/ vinte e sete anos contrariando a estatística", em "Capítulo 4, versículo 3":

---

[6] Munanga, Kabengele. *Negritude: Usos e sentidos*. Belo Horizonte: Autêntica, 3ª ed., 2012.

Quando li Malcolm X, senti que era negro mesmo. Apesar da minha pele mais clara, de o meu pai ser branco, essa é minha vida. Levava **vida de nego mesmo**. Entendi que **a gente era apenas uma estatística**, por mais que gostasse de se sentir especial. As coisas começaram a fazer sentido. Foi um murro na cara. [grifos nossos]

Não há outra maneira de comunicar esta realidade atroz: ser negro no Brasil é ser excluído. "Por isso, sem minimizar os outros fatores, [...] a identidade negra mais abrangente seria a identidade política de um segmento importante da população brasileira excluída de sua participação política e econômica e do pleno exercício da cidadania", explica o professor Kabengele Munanga. "Negritude significa 'estar fora de lugar'", sintetiza a artista Grada Kilomba, e vai além: "Dizem-me que estou fora do meu lugar, como um corpo que não está em casa [...]."[7] Não consigo pensar em imagem mais forte sobre o assunto, o que me leva a refletir sobre as diversas situações de racismo cotidiano nas brincadeiras de ruas e de como era certa esta reafirmação do negro como alguém que ocupa um espaço no qual não deveria estar.

A negritude inscrita "sob o signo da morte" talvez esteja ainda mais próxima do que veremos articulado no álbum dos quatro pretos mais perigosos do Brasil (expressão imortalizada pelo jornalista André Caramante).

Vale ainda apresentar outra posição a respeito do tema da negritude, para que não faltem nuances sobre o assunto. O psiquiatra e revolucionário Frantz Fanon, ainda que envolvido com

---

[7] Citada em Dantas, Luis Thiago Freire. "Filosofia desde África: Perspectivas descoloniais". Tese de doutorado em filosofia, UFPR, 2018.

o movimento da negritude tal como proposto por seu compatriota, o poeta Aimé Césaire, sempre destacou as limitações desse conceito, no sentido de que só teria vigência em relação à ideia de "branquitude". E explica: "Não tenho de recorrer ao universal. No meu peito nenhuma probabilidade tem lugar. Minha consciência negra não se assume como a falta de algo. Ela é. Ela é aderente a si própria."[8] E diz, em seu clássico *Pele negra, máscaras brancas*, que a objetificação do negro nas sociedades oriundas do colonialismo "conduziu-o a uma náusea diante do narcisismo branco que abstraia qualquer alteridade".

Tendo tudo isso em vista, me parece que uma das razões do vigor atemporal deste álbum é o fato de lidar de maneira afrontosa com comportamentos e predileções racistas que nos foram legadas por gerações. Independentemente do seu lugar em um sistema racialmente desonesto por natureza, é impossível sair incólume da audição. "Inconsciente, habitual, silenciosos e extremamente covardes" são alguns dos termos usados pelo escritor Ale Santos para apontar os caminhos do racismo evidenciados e dissecados pelo talentoso quarteto. Fogo no pavio puro. E vai além, eles tornam a realidade extremamente dolorosa, indizível, em algo reconhecível, nomeável.

A ativista e intelectual bell hooks, ao tratar do romance *Amada*, de Toni Morrison, diz que o livro "tenta reconhecer o trauma do holocausto da escravidão, a dor que permanece, as feridas e a distorção da psique de suas vítimas, deixando suas

---

[8] Fanon, Frantz. *Os condenados da terra*. Juiz de Fora: Editora UFJF, 2013, citado em Dantas, Luis Thiago Freire. "Filosofia desde África: Perspectivas descoloniais". Tese de doutorado em filosofia, Universidade Federal do Paraná, 2018.

marcas no corpo para sempre".[9] James Baldwin diz que "a grande dor é que você nunca pode chegar perto de um branco e sentir-se protegido. Você é tão humano quanto ele, e se ele está perdendo uma luta, vai dizer que a culpa é sua, não importa se foi você que atacou ou não".[10]

É desse trauma — e grande dor — que trata, por fim, *Sobrevivendo no inferno*.

---

[9] hooks, bell. *Olhares negros: Raça e representação*. São Paulo: Elefante, 2019, p. 330.
[10] V.A. "A luta pela igualdade racial nos Estados Unidos da América do Norte: Um debate com Malcolm X sobre o movimento dos muçulmanos negros". *Cultura Vozes*, nº 5, vol. 89, set./out. 1995, p. 100.

Trauma do racismo, trauma da classe

Parece-me estranho que tantas vozes façam coro aos signos religiosos cristãos elaborados no disco de forma loquaz e ambivalente e não tenham atentado para o percurso doloroso que o álbum encerra. Muita atenção ao "inferno" do título e uma percepção um tanto vaga do "Sobrevivendo no". Quando um amigo — negro e periférico, de Três Corações, no interior de Minas — diz que era escutar o disco e "puff! Você saía todo malandreado",[11] talvez esta seja a verdadeira Arte de Viver que o disco encarna. O rapper Nill diria isso de outra forma: *"Sobrevivendo no inferno*, pra mim, é um manual [...] de como ser uma pessoa negra num país racista. É um manual de sobrevivência."

É necessária uma enorme sagacidade para transitar no inferno que, ao contrário dos nove círculos dantescos, não é apenas uma passagem edificante e moralista rumo à redenção, mas, sim, um local para se viver — ou sobreviver. Mesmo a

---

[11] Alexandre De Maio oferece uma outra camada de entendimento sobre esta sensação: "As músicas que tocavam nas rádios não tinham gírias, o que fazia sucesso era pagode, 'Melô da barata'... Foi a primeira vez que o Brasil ouviu uma música com gíria — gíria, não, dialeto! — e sendo usada de forma poética, como arte, mostrando que havia várias formas de falar das coisas. Era a linguagem da malandragem em estado da arte. Isso dava um nó na cabeça das pessoas."

redenção que surge nas faixas finais, em uma obra tão papo reto, realista e dolorida ao extremo, soa como uma fantasia ingênua. Dar as boas-vindas ao inferno do real — "essa porra é um campo minado" — e, por fim, sobrar apenas o desafio de uma busca provavelmente infrutífera ("Eu vou procurar, você não bota uma fé, mas eu vou atrás") rumo à "minha fórmula mágica da paz" carrega um tanto de ironia.[12]

Há aí uma ambivalência maior que a do pastor/marginal consagrada no álbum. E a chave para esse entendimento pode ser o conceito de trauma, sobretudo no sentido do que escapa a esse termo quando lidamos com a população negra — e que bell hooks soube tão bem expressar. É bom dizer que, segundo modelos clássicos da psicanálise, o que chamo de "trauma da cor e da classe" poderia ser tratado em termos de neurose, em que estariam mais relacionadas com as circunstâncias culturais — uma vez que a constituição do sujeito se dá nas relações de identificação com outros sujeitos no interior da cultura — do que com traumas de infância, como pensava o grande Frantz Fanon, por exemplo.

Reconheço que esta é uma abordagem na qual trago mais reflexões do que certezas, mas que, ao fim e ao cabo, me proporcionaram uma leitura muito rica do álbum. Me eletrizaram. Ao se tratar de um trabalho talhado em símbolos religiosos abundantes, deveria seguir a leitura freudiana de Fanon ou de Arthur Ramos, a qual, em seu estudo antológico sobre o negro

---

[12] A ironia em Machado de Assis, por exemplo, segundo o crítico literário Roberto Schwarz, tinha a ver com a mistura de liberalismo e escravismo no Brasil. *Sobrevivendo no inferno* é um curto-circuito nesse sistema, dialeticamente organizado a partir desse "balanço rítmico" bandido-pastor, imerso em atmosfera traumática. A ironia trágica torna-se traumática ironia.

brasileiro, diz que o sentimento religioso é o caminho dileto para alcançar a psique popular: "Leva diretamente a esses estratos profundos do inconsciente coletivo, desvendando-nos essa base emocional comum, que é o verdadeiro dínamo das realizações sociais."[13] Lembro que a forma como ele entende "inconsciente coletivo" já foi superada pela psicanálise atual. Em outras palavras, ao propor um trabalho artístico cheio de elementos religiosos, os Racionais estariam indo fundo no psiquismo do negro brasileiro. Mas permita que eu fale sobre trauma.

O trauma, acontecimento disruptivo, que por diversas vezes retorna até que possa ser elaborado pelo sujeito, dá-se na vida da população negra, pobre e periférica como um *continuum*. A possibilidade de reelaborar a experiência e superá-la é a própria sobrevivência nesse mundo iníquo, é essa atmosfera opressiva onipresente de impossibilidades em sua experiência cotidiana. O trauma de estar no mundo — um mundo de traumas. Como aponta bell hooks:

> Muitas questões que continuamos confrontando como negros — baixa autoestima, intensificação do niilismo e do desespero, raiva e violência reprimidas que destroem nosso bem-estar físico e psicológico — não podem ser resolvidas por estratégias de sobrevivência que deram certo no passado.[14]

Ismael Pereira, professor universitário e psicólogo, expande o conceito e ajuda na formulação da minha hipótese ao dizer que:

---

[13] Ramos, Arthur. "O negro brasileiro: Etnografia religiosa e psicanálise". *Revista Latinoamericana de Psicopatologia Fundamental*, vol.10, nº 4, dez. 2007.

[14] hooks, bell. *Ensinando a transgredir: A educação como prática da liberdade*. 2ª ed. São Paulo: Editora WMF Martins Fontes, 2017, p. 93.

que constrói um todo coeso ligando fé, morte, amor e literatura (com citações dos escritores Jorge Amado, Machado de Assis e Mário de Andrade). O sucesso não veio sem uma carga psíquica com a qual o artista teve de lidar, enfrentando o baque de uma existência negra altiva em uma sociedade hostil. Baco Exu do Blues afirmou que "não existe um debate acadêmico sobre negros e sobre como o racismo transforma todos os negros em pessoas com saúde mental instável, saca?". Ele vai além e afirma categoricamente que os cursos existentes não têm como formar profissionais para lidar com pessoas negras. Mas foi o trecho de uma entrevista a seguir que me chamou muito a atenção:

> Não é um negro que sofre, são todos os negros. A psicologia tem de se reformular muito ainda para nós negros. É muito difícil você parar para pensar que qualquer **trauma** durante a sua vida pode gerar uma depressão e você simplesmente excluir o fato de que tem toda uma seara de pessoas onde **todo mundo sofre trauma todo dia e ignorar isso, achar que é normal**. [grifos nossos]

Vinte e quatro anos nos separam do álbum *Sobrevivendo no inferno* (1997), dos Racionais MC's. São mais de duas décadas que os versos, batidas e climas sonoros desse monumento reverberam em mim e não foram poucas as vezes que o racismo estrutural mostrou suas garras — a uma distância relativamente segura, afinal sou branco, ainda que suburbano — e, puxando pela memória, "a mais épica das faculdades" para Walter Benjamin, tenho a impressão de que em todas essas situações alguma passagem desse disco me veio à mente. *Sobrevivendo no inferno*, formando uma trinca com *Raio X do Brasil* (1993) e *Nada como um dia após outro dia* (2002), cria a mais poderosa leitura artística de dois imensos traumas do qual ele é diagnóstico (junto com o álbum de 1997) e redenção (ou algo que o valha, com o de 2002). O trauma de viver na periferia/favela/gueto e um ainda mais intransponível: o trauma da cor, essa catástrofe iminente que é viver com a presença da morte constante.

um acontecimento artístico de vanguarda, se tornou fenômeno comercial e ainda hoje é considerado o ritmo oficial do país.[16] A despeito de um rol bastante evidente de distinções estéticas entre samba e rap, o ritmo é um elemento distintivo para ambos (rap é *rhythm and poetry* — ritmo e poesia), e Joel Rufino dos Santos tem algo a dizer sobre este elemento tão caro à música negra brasileira da diáspora africana:

> Ritmo é o movimento no espaço do corpo. Nada tendo, sequer o espaço do seu próprio corpo, a música do negro brasileiro é uma variação em torno da síncopa. Síncopa, em termos técnicos, é um tempo fraco de um compasso prolongado até outro tempo de maior duração, que aparece tanto na melodia quanto no acompanhamento. Síncopa é uma falta que o movimento do corpo preenche. O ritmo sincopado se marca em cabo de enxada, volante de carro, chapéus de palhinha, caixas de fósforo e mesas de botequim... se não for proibido.[17]

Outro elemento presente no rap é o que Paul Gilroy chamou de "sublime escravo". O pesquisador Ecio Salles explica que "o sublime como dimensão redentora da dor, a capacidade criativa que as populações negras teriam — no tempo da escravidão e depois — de transformar a experiência do terror, da

---

[16] Por questão de espaço, recomendo duas obras sobre o tema. A respeito da passagem de música feita por negros marginalizados até se tornar sucesso radiofônico/comercial, o intransponível *O mistério do samba*, de Hermano Vianna; sobre a "invenção" da turma do Estácio, o ótimo romance *Desde que o samba é samba*, de Paulo Lins.

[17] Santos, Joel Rufino dos. "Funk, samba-rock, hip hop, carimbó... Ouça bem, há sempre um batuque no fundo". *Os negros — História do negro no Brasil*. São Paulo: Editora Caros Amigos, 2015, 2ª ed., p. 163.

opressão e da discriminação em formas estéticas que remetem ao prazer [...]".

Me parece que, ao menos do ponto de vista dos rappers, o que mais os diferencia de seus pares sambistas é a posição a respeito de uma possível função social da arte. Mano Brown, ele mesmo um percussionista em rodas amadoras de samba na juventude e um fã declarado do gênero, diz:

> Se eu fosse sambista, viveria de arte sem muita dor de cabeça, arte pela arte, e é muito respeitável por sinal, tá ligado? Como é o Fundo de Quintal, o Zeca [Pagodinho], o Revelação. São muito respeitáveis e não vivem nessa rota de colisão com filosofia. [...] Eles não quiseram ser a luz da humanidade.

O fato é que a cultura hip hop, no Brasil e em muitos outros países, ao superar sua ligação embrionária com os fundadores atuantes nos Estados Unidos, muito rapidamente se tornou uma espécie de filosofia de vida para a grande maioria de seus praticantes. Emicida, artista que nunca negou sua afiliação e admiração pelos Racionais MC's (e pelo samba!), acredita que "no fim das contas, o trabalho sujo sempre sobra para o rap. A gente acaba vestindo essa camisa e comprando as brigas, mesmo. É impressionante como o hip hop, principalmente na América Latina, se tornou um movimento social".

Ao destacar o lugar do rap nos Estados Unidos, a pesquisadora Tricia Rose diz que o estilo musical "é um elemento confuso e barulhento da cultura popular americana contemporânea que continua a chamar muita atenção para si" — e o mesmo é possível dizer sobre o rap no Brasil. Estilisticamente, Rose explica que

Acauam Silvério de Oliveira diz que a obra do grupo, onde a "ética atravessa a dimensão estética", produziu "a mais radicalmente engajada obra da história da música popular brasileira — incluída aqui a MPB dos anos 1960 —, o que, no limite, altera o próprio significado do termo 'representação' artística". De fato, desde então, parece que o lugar de uma música de contestação por excelência no Brasil ficou ligada ao rap — sobretudo a realizada no estado de São Paulo.

A minha experiência com música engajada veio através da subcultura punk, inicialmente em contexto periférico no ABC paulista e depois em contexto suburbano no interior de Minas. Dessa perspectiva, o rap, e sobretudo os Racionais, representava um corte muito forte em termos de cultura. Se o samba, por exemplo, tratava da questão racial, o rap não só o fazia com mais contundência, como também colocava os manos e minas das quebradas Brasil afora como sujeitos de transformação nem um pouco pacientes. Sobre o abismo de classe, os Racionais não só eletrizavam a luta de classes, como também faziam com que cada um tivesse orgulho e defendesse seu lugar — algo que o punk também apresentava, mas sem a mesma força popular e apelo estético.

É possível — e útil — particularizar o rap paulista em relação ao restante do país e dividi-lo em três fases, seguindo a esquematização oferecida pelo pesquisador Márcio Macedo. O panorama geral dessas três fases é apresentado da seguinte forma:

> De subcultura juvenil popular entre jovens negros e pobres frequentadores de bailes negros nos anos 1980 [ainda chamado de "tagarela" ou "funk falado"], ele tomou configurações culturais e políticas peculiares além de uma dimensão institucional com

o Estado nos anos 2010, que apontam conquistas, potencialidades e dilemas.[23]

Macedo identifica as três formas distintas do rap paulistano na seguinte ordem: (1) Inicialmente uma cultura de rua (de 1983 até 1989); (2) passa a ser entendida como cultura negra na primeira metade dos anos 1990, graças, particularmente, ao movimento negro e individualidades (período de 1990 até 1996); e (3) na segunda metade dos anos 1990, o elemento rap se tornaria hegemônico no hip hop, ao passo que a valorização da cultura periférica se tornaria importante (de 1997 a 2003), período que tem como marco o álbum *Sobrevivendo no inferno*.

Vale a pena ressaltar, ainda, o tamanho da ruptura que o rap estabelece em termos culturais e existenciais para as populações periféricas e negras no país, a qual fica clara nos termos colocados pelo grande MV Bill em uma entrevista de 2005:

> Meus pais nunca me prepararam porque nunca enxergaram o racismo. Eles caíram na ilusão de que nós vivíamos numa democracia racial e que a favela era o lugar dos pretos, que o subemprego era o nosso lugar, um carro velho no máximo e não reclamavam por muita coisa. [...] O racismo no Brasil é velado. [...] é cruel porque a escravização aqui não foi só física, foi mental, o povo foi amansando... [...] O hip hop surge como o grande despertar.

---

[23] Macedo, Márcio. "Hip-Hop SP: Transformações entre uma cultura de rua, negra e periférica (1983-2013)", em Kowarick, Lúcio; Frúgoli Jr., Heitor (orgs.). *Pluralidade urbana em São Paulo: Vulnerabilidade, marginalidade, ativismos sociais*. São Paulo: Editora 34, 2016.

um todo coeso — o que, definitivamente, não é o caso. Mas o texto traz achados interessantes e sua leitura do viés religioso em *Sobrevivendo no inferno* é especialmente contagiante. Ela é entusiasta o suficiente para reconhecer que os Racionais tiveram "a capacidade de produzir uma fala significativa e nova sobre a exclusão, que faz dos Racionais MC's o mais importante fenômeno musical de massas do Brasil dos anos 90". Foi uma aposta que se mostrou acertada com o passar dos anos.

> Como gostar desta música que não se permite alegria nenhuma, exaltação nenhuma? Como escutar estas letras intimidatórias, acusatórias, frequentemente autoritárias, embaladas pelo ritmo que lembra um campo de trabalhos forçados ou a marcha dos detentos ao redor do pátio, que os garotos dançam de cabeça baixa, rosto quase escondido pelo capuz do moletom e os óculos escuros, curvados, como se tivessem ainda nos pés as correntes da escravidão?

Perceba que há um caráter tão hermético, tão pesado para um ouvinte branco de classe média (como ela mesma se reconhece no texto), que a faz associar o ritmo das canções a um campo de trabalhos forçados. A sisudez dos fãs, que ela observou em um comício do PT no qual os Racionais tocaram e que serviu de *Leitmotiv* para a escrita do ensaio, é associada a prisioneiros que teriam "nos pés as correntes da escravidão". É uma imagem forte e que hoje, dado o nível da discussão racial no país, pode levar perigosamente a rumos que não interessam aqui. O mais impactante em seu texto é a interpretação psicanalítica para elementos religiosos no disco *Sobrevivendo no inferno*.

Maria Rita Kehl pergunta: "Qual o significante [na obra dos Racionais] capaz de abrigar uma lei, uma interdição ao gozo, quando a única compensação é o direito de continuar, 'contrariando as estatísticas', a lutar pela sobrevivência?" Para a autora, Mano Brown usaria a figura de Deus para cumprir esta função:

> Deus é lembrado como referência que "não deixa o mano aqui desandar", já que todas as outras referências ("rádio, jornal, revista e outdoor") estão aí para "transformar um preto tipo A num neguinho". Deus é lembrado como pai cujo desejo indica ao filho o que é ser um homem: um "preto tipo A".

Como veremos adiante, não é uma visão com a qual trabalho para analisar o disco, mas que julgo necessário ser apresentada pelo que carrega de ineditismo e por ser a primeira tentativa de lidar com o trabalho do grupo por meio da psicanálise, como feito em relação à questão do trauma.

A RECEPÇÃO/DECEPÇÃO

O perigo domina tanto a herança da tradição quanto aqueles que a recebem. É o mesmo para ambos: ser reduzido a um instrumento da classe dominante. Em todas as épocas, devemos tentar rasgar a transmissão do passado de volta ao conformismo que está prestes a subjugá-lo.

— WALTER BENJAMIN, *Sobre o conceito de história*

Em 1995, dois anos antes do lançamento do álbum *Sobrevivendo no inferno*, em uma das raras intervenções do grupo na imprensa, Mano Brown, então com 24 anos, publica um pungente e panfletário manifesto direcionado à comunidade pobre, preta e periférica, um povo que "está se recuperando devagar de um nocaute na nuca". O texto falava basicamente sobre os efeitos do colonialismo português, do imperialismo estadunidense, do "catolicismo hipócrita" que ilude o povo com promessas de uma vida melhor após a morte, anestesiando-o, e sobretudo do racismo velado tipicamente brasileiro. O manifesto, chamado "Revolução", se encerra da seguinte forma:

Por enquanto, estamos convencendo nossas crianças que elas não precisam ter longos cabelos louros e olhos azuis para serem grandes homens e mulheres. Não precisam usar calças da Zoomp ou M.Officer ou andar com braço pra fora nos Tempras e Ômegas. FODA-SE TUDO ISSO. Sem mais, Mano Brown, Capão Redondo (SP), favela. Cada um com seus problemas — poder para o povo preto — Revolução.

Esse era o Brown, terrorista das rimas,[27] com uma posição bem clara sobre participar de programas como o do Faustão e do Gugu: "[ir nesses programas é] o começo da derrota dos rebeldes. Estamos começando a ganhar uma pequena batalha de uma grande guerra. Tudo está no controle dos caras: televisão e música... O Racionais não pode trair. Muita gente conta com a nossa rebeldia", explicava Brown em entrevista à extinta revista *Caros Amigos* ainda nos anos 1990. Aqui, o músico se encontra com a persona de uma fase de sua carreira, atrelado ao que Acauam Silvério de Oliveira chamou de professor autoritário, bem distante do "pastor-marginal" presente em *Sobrevivendo no inferno*.

Não é de espantar a recusa do grupo em lidar com a grande imprensa da época, basta observar como ela se comportava. Para Ice Blue, "a mídia pode te colocar no topo e em dois minutos também pode fazer você cair. É uma das coisas que a gente não faz questão". Já Brown tinha a percepção de que "o povo não acredita na imprensa, não, mano. Acredita e ao mesmo tempo não acredita... Mas não falam a mesma língua, não...".

---

[27] "Eu não sou artista. Artista faz arte, eu faço arma. Sou terrorista." Mano Brown, *Jornal da Tarde* (5/8/1998).

Com exceção das rádios comunitárias e do falecido radialista Natanael Valêncio, da 105 FM, o silêncio sobre o grupo era profundo. Na TV, além de aparições pontuais na MTV e uma na TV Gazeta, o grupo era virtualmente invisível. E, hoje, a relação que eles estabelecem com os meios de comunicação é uma resposta ao fato de que a grande imprensa, a partir do fim da primeira década do novo milênio, passou a tratar o rap com dignidade e menos preconceito — de classe e de cor —, algo completamente novo em relação ao gênero no Brasil.[28] O que pretendo mostrar é como a relação da imprensa, sobretudo com os Racionais, revela algo da "linguagem zoológica" que o colono usava ao tratar do colonizado. Como apontou Frantz Fanon, essa linguagem "faz alusão aos movimentos répteis do amarelo, às emanações da cidade indígena, às hordas, ao fedor, à pululação, ao bulício, à gesticulação. O colono, quando quer descrever bem e encontrar a palavra exata, recorre constantemente ao bestiário".[29]

O rapper Xis, pioneiro — e muito massacrado por conta disso — no rap paulistano, ao tentar flertar com a grande imprensa, rádios e TVs, diz: "eu sempre achei que a mídia nunca entendeu o rap. [...] E sempre escreveram MUITA besteira". E assim explica o isolamento midiático:

---

[28] Em 2014, na revista *Cult*, Brown reconhece o papel da internet para essa mudança e de artistas citados na matéria, como Criolo e Emicida, cada um deles por méritos particulares. "O Emicida tem essa grife de artista. O cara é reconhecido pelos outros músicos. Ele foi reconhecido muito mais rapidamente do que a gente na época." Ainda que o entrevistador insista na importância dos Racionais, Brown reconhece o mérito e a distinção das novas gerações.

[29] Fanon, Frantz. *Os condenados da terra*. Rio de Janeiro: Civilização Brasileira, 1968.

Quando a gente saía no jornal era muito estigmatizado. Todo mundo foi sofrendo com isso, e foi dando briga interna também. A gente fazia show pra 20, 25 mil pessoas e não saía uma nota em nenhum lugar. Aí você abria o jornal no outro dia e o show de fulano tal que tinha 300 pessoas ganhava meia página.

Ice Blue dá uma dimensão concreta do trabalho dessa geração: "Desbravamos o Brasil pras pessoas entenderem o que era o rap. Fomos pro morro, favela, fazendo show de graça, passando 18 horas dentro de uma van. A gente não era aceito como pessoa nem o rap como música [...]."

Alexandre De Maio, um dos editores da revista *Rap Brasil* (depois *Rap.BR*),[30] tem uma visão complementar sobre o impacto do álbum de 1997 no grupo de seus pares jornalistas e afirma que "até esse momento [do lançamento do disco] para a imprensa brasileira a referência era o Gabriel O Pensador". A novidade para ele se dava nos seguintes termos: "Um rap de periferia com texto agressivo e uma análise sociológica feita por quem é da periferia não existia até então [para a imprensa]. Depois disso, as pessoas passaram a entender o que era o rap."

No fim de 1997, quando o álbum foi lançado, eu acabava de completar meu primeiro e doloroso ano na USP e, em paralelo para me permitir respirar, minha relação e participação na comunidade punk se intensificava. Pode-se dizer que senti o impacto do álbum através desse filtro. E foi estrondoso! O que

---

[30] A revista teve 10 anos de existência, sendo lançada logo após o estouro de *Sobrevivendo no inferno*. Teve muitas edições especiais, inclusive com coletâneas encartadas em CD, e desdobrou-se em outras revistas, como *Graffiti*, *Cultura Hip Hop*, *Rap News* e *Planeta Hip Hop*. Na primeira metade dos anos 1990, houve outra publicação, de curtíssima duração, dedicada exclusivamente ao rap, a *Pode Crê!*.

o álbum trouxe à baila, inclusive o que ele mostrou das cisões sociais e raciais do país, foi marcante demais. Se a questão racial era presente naqueles tempos de forma mais articulada no meio anarcopunk (inclusive com o projeto Anarquistas Contra o Racismo), ela passou a se espraiar indistintamente nas diversas esferas do punk, e com o orgulho de ser periférica/favelada. Claro, são movimentações que ressoam o efeito da obra no cenário sociocultural mais amplo. Mas ainda havia o fato de serem independentes e se recusarem a falar com a mídia, o que exercia enorme atração em um punk fanzineiro de 19 anos. "São punks ortodoxos e nem sabem disso", sentenciava uma revista de rock sobre os Racionais, em 1998.

Embora o rap estivesse presente em minha vida através da minha relação com a cultura do skate, naquele momento eu passei a frequentar shows e acompanhar não só os Racionais, mas também DMN, RPW, Possemente Zulu, Thaíde e DJ Hum, Facção Central, Visão de Rua, Potencial 3, Dígito 4 e tantos outros com aquele apuro que marca a relação de fã com artista. Mas sem deixar o olhar crítico do punk de lado e atento ao pouco que era dito sobre o assunto na grande imprensa, já que os grandes jornais do país circulavam diariamente na biblioteca da Faculdade de Letras da USP. Era uma relação no mínimo esquisita, bélica, desses veículos com o rap, o hip hop nacional. Pelo filtro punk, eu diria que era bastante racista.

O respeito de grande parte da elite intelectual brasileira foi construído a partir de uma relação cheia de ressalvas e percalços. Quando tratamos de rap no Brasil, posso afirmar com convicção absoluta: as coisas nunca terminam na música em si. Em 2007, quando os Racionais já haviam recebido aclamação massiva de público e crítica, a famosa colunista da *Folha de S.Paulo* Barbara Gancia escrevia algo desta natureza:

Em um país em que o presidente da República acha espirituoso falar em "ponto G" em coletiva de imprensa, distribuir dinheiro público para ensinar a jovens carentes as técnicas do grafite ou a aspirantes a rapper como operar pick-ups, pode até parecer coisa natural. Mas eu pergunto: a que ponto chegamos? Desde quando hip-hop, rap e funk são cultura?

Se cada palavra tem seu perfume, sua cor, sua alma, como afirmava o poeta revolucionário Maiakovski, é certo que o desencontro entre a grande imprensa e os Racionais MC's começava pelo vocabulário do grupo, impregnado de perfume popular, de sua cor negra de quem se reconhece e se afirma em sua negritude e de sua alma (talvez) de "um sádico, um anjo, um mágico, juiz ou réu, um bandido do céu, malandro ou otário, quase sanguinário, franco-atirador se for necessário" ("Capítulo 4, versículo 3"). Definitivamente muita treta para Vinícius de Moraes, lembrando verso de uma letra do próprio grupo.

É no mínimo curioso pensarmos que no mesmo mês em que o disco saiu, a edição de *Caros Amigos*, maior publicação de esquerda no país na época, teve como tema de capa uma reportagem sobre as campanhas de prevenção à aids que chegavam nas periferias e, em menor destaque, a chamada para uma "entrevista explosiva" com o delegado José Vicente, da Associação de Delegados de Polícia para a Democracia, com as aspas "A lei é só para pobre, preto e prostituta". Na entrevista, José Vicente, negro — a questão racial não é abordada pelos oito entrevistadores —, afirma que "o brasileiro, a sociedade como um todo, é extremamente autoritária, extremamente violenta e agressiva".[31] No restante da revista, nenhuma menção aos Racionais, ao hip

---

[31] *Caros Amigos*, nº 7.

hop e ao rap. Mas algo estava no ar e a revista foi a primeira (e única) a entender e capitalizar com o fenômeno Racionais MC's.

Em janeiro de 1998, o líder do grupo já estampa a capa da revista com a manchete "Mano Brown — líder dos Racionais MC's — A periferia vai à guerra".[32] A reportagem de Sergio Kalili, salpicada com falas do próprio rapper, destaca-se das demais — mesmo as realizadas posteriormente — e só encontra paralelo no trabalho de André Caramante, escrito mais de uma década depois.[33] Nela, ficamos sabendo que o disco vendeu 200 mil cópias em quatro semanas [hoje, fala-se em 1,5 milhão de cópias mais 4 milhões vendidas pela pirataria desde o seu lançamento, lembrando que a internet ainda engatinhava no país], que o álbum anterior, *Raio X do Brasil*, vendeu 250 mil cópias do LP, e que muitos bairros de São Paulo apareciam nos primeiros lugares em um ranking mundial de lugares mais violentos. Ainda segundo a reportagem, na lista de homicídios na cidade de São Paulo, em 1996, Capão Redondo foi o bairro com mais mortes, 233, e o Parque Santo Antônio — citado em "Fim de semana no parque" — ficou em segundo lugar, com 186 mortes. Mas há, ainda, outros trechos da matéria de Sergio Kalili que merecem destaque e dão dimensão ao ineditismo do álbum, além de falar sobre o ambiente que existia para a música rap de então. E sobre o clipe de *Sobrevivendo no inferno*, diz:

---

[32] Kalili, Sergio. "Mano Brown é um fenômeno". *Caros Amigos*, nº 10, jan. 1998, p. 31.

[33] A entrevista pública de mais de duas horas feita com o grupo, como parte da exposição Racionais MC's: Três Décadas de História é um material fundamental sobre eles. Ver: https://www.youtube.com/watch?v=a-qx8TyV85lc.

São sete minutos e meio de música. Um trabalho praticamente inédito, já que pouco se fez no cinema sobre o massacre. E tantos foram os longas-metragens americanos sobre a rebelião de cinco dias em Attica, em 1971, onde morreram 10 reféns e 29 presos. Até então considerado o evento de maior violência na história prisional. Agora, atrás dos 111 do Carandiru.

Até 1988, o rap tocado nos bailes falava mais de amor, ou até dos próprios bailes, do que de violência. Precisou conquistar espaço à força no Brasil e no mundo. "Tinha uma ideia de intelectualidade de que rap não era música e de que não era um movimento importante", lembra o DJ e dançarino Eugênio Lima, diretor da companhia de *street dance* Unidade Móvel. "O pessoal estranhava e ria. E até a comunidade tinha preconceito com rap em português", diz Nazi [sic], DJ, produtor de alguns dos primeiros rappers nacionais e vocalista da banda de rock Ira.

Mas nem toda a recepção do momento levou o grupo a sério. Em 15 de agosto de 1998, no jornal *O Globo*, ainda era possível perceber que a grande imprensa não reconhecia o esplendor da escrita dos quatro pretos mais perigosos do Brasil, e mais: ironizavam sem respeito algum a dicção do quarteto. Isso fica claro na reportagem sobre a premiação da MTV que consagrou o grupo, indicados em quatro categorias e vencedores nas categorias Melhor Vídeo de Rap e Clipe do Ano com a música "Diário de um detento": "Com um discurso contundente, mas que daria muito trabalho ao professor Pasquale." Na esteira da impactante apresentação do grupo na premiação, o colunista Artur Xexéo, do *Jornal do Brasil*, dedicou quase o tempo todo para fazer uma ode ao grupo — não sem cometer um jogo dos sete vacilos grotescos dos quais vale destacar apenas um: "O grupo

Racionais MC's ganhou o prêmio e **arrombou** a festa. Não que a MTV não soubesse o que poderia acontecer. Pelo contrário. A emissora é uma das maiores divulgadoras do trabalho do grupo formado por quatro paulistas da periferia, **ex-presidiários**, que fazem um rap, digamos assim, de denúncia." [grifos nossos]

O jornal *O Pioneiro*, de Caxias do Sul (RS), em 27 de abril de 1998, é taxativo ao dar destaque à repercussão de um fato ocorrido no show do grupo em São Paulo: "O grupo de rap Racionais MC's **provocou tumulto e tiroteio** na madrugada de sábado na casa de show Emoções, em São Paulo." [grifos nossos] No mesmo jornal, meses depois, repercute a informação que o Ministério Público iria processar Mano Brown por ter sugerido o sequestro do jogador Ronaldo[34] e outros jogadores em matéria da revista *Trip*. Aliás, essa matéria rendeu muito assunto em diversos jornais, rádios e revistas Brasil afora. Entre outras frases contundentes, Brown afirmara que

> essa porra de Brasil não tem saída se não for pela força. Só pela força [do esporte, ele explica ao jornalista e fala sobre a força da violência]. A luta armada já tem, né, mano? Só que as armas estão viradas para o lado errado. As armas estão viradas para nós mesmos: morro daqui contra morro dali. O dia que virar todo o mundo pra lá...

Essa afirmação, junto com outras sobre jogadores de futebol sem sensibilidade alguma para o mundo que os rodeia, acabava com a frase sobre o sequestro do jogador: "O Ronal-

---

[34] Ironicamente, em 2011, o Fenômeno faria três gols contra o Fluminense e pediria a música "Negro drama", do álbum *Nada como um dia após outro dia*, seguindo tradição do programa *Fantástico*, da TV Globo.

dinho comprou uma Ferrari de 500 mil dólares, 600 mil dólares. Mete um sequestro nele, dá um meio de sumiço nele para ver se ele não para com essa putaria."

Segundo o jornalista Álvaro Pereira Jr., na *Folha de S.Paulo*, "parece conversa de justiceiro. [...] Também parece discurso de barão do tráfico [...] aquele típico demagogo que tenta justificar sua atividade criminosa dizendo-se solidário com a população pobre". Ainda que no campo das sugestões o jornalista — e polemista profissional — Álvaro Pereira Jr. tenha batido forte comparando Brown a um justiceiro e depois a um barão do tráfico, na sequência "assopra" dizendo que "o autor do raciocínio é um dos mais importantes artistas brasileiros da atualidade". E o jornalista vai além em sua tratativa sobre uma suposta etiqueta: "Todo mundo sabe que, em geral, artistas que tentam fazer algo a mais do que sua arte acabam escorregando." Erguido o espantalho, fecha a coluna com "ninguém precisa de opiniões tão rasas e racistas quanto as de Mano Brown, mas muita gente precisa da música arrebatadora dos Racionais MC's".

O jornalista Sérgio Martins, em setembro de 1998, escrevera uma matéria tentando explicar a relação entre a mídia e o rap: "A resistência é recíproca — os rappers ignoram a grande mídia, assim como ela procura mantê-los à distância. Melhor para eles." Bagre ensaboado, o "melhor para eles" soa como um mea-culpa para o fato de a revista da qual era editor, a *Showbizz* (outrora *Bizz*, a mais importante revista de música do país), poucas vezes ter aberto as portas para o rap paulistano. E ainda comenta no decorrer da matéria: "Raramente recebo fitas [como editor da revista] ou CDs demo de bandas de rap, apenas de grupos de rock formados por rebentos da classe média. Nenhum jornalista embasbacado pelos Racionais falou de RZO e DMN [...], prováveis sensações do movimento Hip

Hop."[35] Assim, justifica o recorte de classe de sua publicação como se jornalistas não pudessem fazer pesquisa de campo. Mas a reportagem nos dá alguns elementos para entendermos o contexto no qual se moviam os Racionais.

Martins afirma que o grupo já era grande em 1993, quando lotou a quadra da escola de samba Rosa de Ouro no lançamento do álbum *Raio X do Brasil* e, "com exceção do *Notícias Populares*, nenhum caderno de cultura da cidade se preocupou em divulgar isso".[36] E que Thaíde e DJ Hum haviam vendido 80 mil cópias, em 1996, do álbum *Preste atenção*, que inclui o hit "Senhor tempo bom", e que na TV, além do memorável *Yo Rap!*, na MTV, apresentado pelo KL Jay,[37] havia aos sábados, na CNT, o programa *Ligação*, que dava algum espaço ao gênero rap.

---

[35] Martins, Sérgio. "Invadindo os espaços". *Caros Amigos — Especial Hip Hop*, set. 1998, p. 9. Tentando parecer *insider*, comete um erro rude: DMN estourara já em 1993, com seu seminal álbum *Cada vez mais preto*, potente afirmação de negritude; RZO estourou em 1997, a reboque do sucesso da música "O trem".

[36] O extinto *Notícias Populares*, diário de inclinação populalresca, é uma honrosa exceção em relação ao rap do período: divulgava lançamentos, os bailes das periferias e tinha uma coluna do DJ Hum. Junto com as rádios comunitárias, foi um aliado de primeira hora não só do rap, como de todo o movimento hip hop.

[37] "Nos lugar mais longe da cidade, nos lugar mais distante do país, meu povo não tem tevê a cabo nem o conversor pra pegar a MTV e assistir *Yo Rap!*", diria o próprio KL Jay na entrega do prêmio aos Racionais no VMB. Ver: https://www.youtube.com/watch?v=lbN2a7ixYyo.

"Realidade violenta dos Racionais MC's"

Já em 1998, a grande imprensa anunciava que "os Racionais MC's, grupo paulistano que **explodiu** com letras que criticam os mauricinhos e afins e que se tornou fenômeno mesmo para este grupo" [grifo nosso].[38] E é fato que, ao contrário de seu antecessor, fenômeno nas periferias, sua música agora ultrapassava "a ponte pra lá". E não é o caso de suavizar o murro na nuca que foi a chegada dos Racionais MC's ao mainstream nacional. Em nota sobre o horário eleitoral presidencial do pleito de 1998, o *Jornal do Brasil* destaca fala de Mano Brown no programa do então candidato (que sairia derrotado) Luiz Inácio Lula da Silva: "Se você tá contente com o que tá acontecendo, uma pá de mano desempregado, as cadeia tudo lotada, faculdade só pra rico, escola tudo zoada, tudo quebrada, sem professor... Se você tiver contente com tudo isso aí, continua votando no playboy que tá lá em cima [referindo-se ao então presidente candidato à reeleição Fernando Henrique Cardoso]." É claro, a

---

[38] O *Jornal do Brasil* (13/12/1998), no entanto, informa que o show do grupo no Metropolitan foi "um fiasco", com cerca de mil pagantes. Vale dizer que no mesmo fim de semana desse show, o grupo armou outro, gratuito, em um campo em Vigário Geral, com o sugestivo nome de "Projeto Robin Hood".

mesma nota faz questão de frisar que Mano Brown se expressa "atropelando palavras e comendo letras". Era muito comum um certo desdém por parte dos jornalistas pelo domínio da língua que exercitava em suas letras ou declarações públicas.

Sobre o preconceito linguístico notado nessas trombadas entre o quarto poder e o quarteto paulistano, Marcos Bagno esclarece que, para distinguir o que deveria ser vernáculo das elites do "português popular brasileiro rico de inferências ameríndias e africanas, por exemplo, criaram o modelo de 'língua certa' importado, que em nada contempla a riqueza da língua viva no país".[39]

Ademais, é inegável que o que comumente apontam como "violência" é tão somente um recorte classista muito preciso e afirmativo — o que em priscas eras chamariam de luta de classes. "Em primeiro lugar, [o maior conflito de hoje] é o rico com o pobre. Em segundo, do preto com o preto. Em terceiro, do branco com o preto", explicaria Mano Brown através de uma compilação de declarações recolhidas pela revista *Carta Capital* em 2004.

Uma tendência forte na imprensa corporativa foi a de dar espaço a supostos atritos e rixas com outros artistas rap emergentes. Entre outras matérias publicadas no *Jornal do Brasil*, des-

---

[39] Bagno, Marcos. "Ponto de vista da linguística". *Os negros — História do negro no Brasil*. 2ª ed. São Paulo: Editora Caros Amigos, 2015, p. 36. No mesmo artigo há duas passagens que nos interessam: a primeira diz respeito ao que Araripe Jr. descreveu em 1888 como "o falar atravessado dos africanos"; a segunda, é a passagem que explica "se tantos brasileiros pronunciam 'djia' e 'tchia' e o que se escreve é dia e tia, é porque mamaram essas pronúncias junto com o leite das suas babás negras" — o que nos remete ao "aqui estou mais um 'djia'" dos primeiros versos de "Diário de um detento".

tacamos duas de 2000: "Pavilhão 9 *abre* o verbo", em que a jornalista faz questão de informar que o clima entre o grupo Pavilhão 9 e os Racionais "não era dos melhores"; e a reportagem "Xis, novo bambambã do rap brasileiro" sobre o álbum clássico *Seja como for*, do rapper Xis, o jornalista repete diversas vezes que o disco "prega a paz", quase que verbalizando que o álbum seria um antídoto à "violência" de seus compadres paulistanos. Mas não foi só o *Jornal do Brasil* que se prestou a esse (des)serviço.[40]

O *Correio Braziliense*, em 2002, dá nota sobre o lançamento do disco *Nada como um dia após outro dia* com a ressalva de que o valor de R$ 23,90 do CD duplo, estampado na capa, era "muito elevado pro padrão dos 'manos'". Na mesma página, com muito mais destaque, matéria sobre a rixa entre Xuxa e sua ex-empresária. Entretanto, nesse mesmo jornal e no mesmo ano, em entrevista com o jornalista musical Ricardo Alexandre, o mesmo é taxativo: "Racionais é rock." O uso do gênero musical de origem negra e apropriado pelos brancos aparece como adjetivo, como gênero que reflete "a sociedade jovem que a cerca" — afirmação que aplaina tanto o rock enquanto gênero quanto a importância do quarteto paulistano. O jornal também noticiou a morte de um jovem em um show do grupo em janeiro de 2005 — violência exemplar de um período difícil para o rap nacional, que veria novos dias de glória com o *boom* de uma nova geração no fim da primeira década do século XXI.

---

[40] Justiça seja feita: o *Jornal do Brasil* cobre o grupo desde 1992. Na primeira matéria, intitulada "'Rap' de SP dá lições de cidadania", a respeito de suas intervenções em escolas municipais na gestão de Luiza Erundina, o texto esbanja um didatismo quase comovente para explicar ao leitor o que é rap, e, entre diversos erros, comete alguns engraçados, como chamar Mano Brown de Browe e o grupo de "Racionais Mestres de Cerimônia".

Em 2005, n'*O Globo*, Racionais é tema das palavras cruzadas do jornal. A ida de Mano Brown ao *Roda Viva* merece destaque e cada aparição de algum membro do grupo na capital fluminense não passa em branco. De elefante branco pisoteando os cristais na sala de jantar passam a convidados — ainda que ausentes em declarações públicas — ilustres.

Vale registrar que os cadernos esportivos dos grandes jornais sempre foram generosos na acolhida ao som do grupo. Ao menos desde o *Raio X do Brasil*, a música dos Racionais já embalava jogadores e comissões técnicas de clubes brasileiros e isso era notado nesses cadernos. Em 2009, André Caramante constata que "muitos jogadores de futebol, a maior parte originária de famílias humildes, gostam de Racionais" e elenca jogadores famosos que nutrem respeito e admiração pelo grupo, como o lateral Kleber, Robinho, Ronaldo Fenômeno e Ronaldinho Gaúcho. Como resultado disso, os repórteres futebolísticos sempre tiveram cuidado ao escrever sobre eles. O erro comum, na imprensa cultural, de apontar os quatro músicos como santistas, jamais ocorreu nos cadernos esportivos, que sabiam muito bem que Ice Blue era corintiano e os demais, santistas.

Os rappers, os intelectuais, os artistas, um boato persistente e a força do grupo ao vivo

O novo momento que o rap vivia com o fenômeno Racionais na dianteira foi de tal forma avassalador que fez com que Chico Buarque refletisse, em 2004, de maneira muito assertiva sobre seu próprio ofício, em entrevista antológica sobre a música brasileira na *Folha de S.Paulo*. Chico Buarque trata, mais especificamente, sobre o vigor do formato canção no século XXI:

> Quando você vê um fenômeno como o rap, isso é de certa forma uma negação da canção tal como a conhecemos. Talvez seja o sinal mais evidente de que a canção já foi, passou. Estou dizendo tudo isso e pensando ao mesmo tempo que talvez seja uma certa defesa diante do desafio de continuar a compor. Tenho muitas dúvidas a respeito. Às vezes acordo com a tendência de acreditar nisso, outras não.

A declaração que gerou estupefação e reflexões diversas por parte da intelectualidade brasileira fez com que Rappin Hood, em 2005, na revista *Caros Amigos*, afirmasse que "temos de incluir o rap, Chico Buarque já disse, todo mundo já viu, o rap é a nova música brasileira. Os neguinhos invadiram mesmo, não tem jeito mesmo, não".

Não penso ser exagero dizer, com o distanciamento histórico que o tempo permite, que a intelectualidade brasileira ao refletir sobre o gênero como um todo estava, na realidade, exercitando apreciações, sobretudo, aos Racionais. E isso não soa estranho, uma vez que certamente são um marcador qualitativo e quantitativo no gênero. A valorização por parte de seus pares, os "50 mil manos" que apoiam o grupo, permite entender a avaliação das periferias brasileiras sobre o grupo.

Xis, em 2009, explica que o momento exatamente anterior ao lançamento de *Sobrevivendo no inferno* não foi um mar de rosas para o estilo: "95 e 96 foram os piores anos que eu vi pro rap. Nenhuma rádio tocava, nem os 50 Cents da vida que tocam hoje em FM. Não tinha nada, nem R & B, nada. Era rock e rock."

Mas o que distinguia o grupo dos demais? No início deste texto, foi apresentada uma visão de conjunto sobre questões fortes do álbum e algo sobre o rap em si e suas diversas fases no país, mas é preciso afirmar que o principal diferencial do trabalho dos Racionais é a forma brilhante como eles propõem uma requalificação das subjetividades periféricas, com ênfase na população negra. Muitos grupos, antes e depois, tratam dessa seara, mas fica evidente que a visão dos Racionais foi mais abrangente e se tornou o verdadeiro farol — ou "evangelho do gueto", como fora dito *a posteriori*.

Em 2005, o rapper Dexter, ex-membro do grupo 509-E, diz, por exemplo, que "os Racionais cantando as músicas deles despertaram a consciência da juventude negra no Brasil, na periferia". "O rap fez mudar muita coisa — ensinou o cara a não ter vergonha de onde mora, do cabelo, da cor, a poder falar de sua quebrada", apontava Ice Blue à revista *Rolling Stone*, em

2013. KL Jay, na revista *Cult*, em 2014, apresenta uma visão de conjunto e aponta o lugar de seu grupo nessa história: "O rap, no mundo, resgatou os pretos de um genocídio espiritual e mental. Deu um levante. Aqui no Brasil, com os Racionais — falando como se eu não fosse parte disso — ele deu a dose de autoestima de que o preto precisava."

Emicida, um dos mais icônicos rappers a surgir na virada da primeira década, esclarece, na revista *Fórum*, em 2013, que "nas periferias do Brasil respeita-se muito o rap. Você vai numa favela, tem uma frase do Brown escrita na parede". Eu nunca canso de me surpreender com quão verdadeira é essa afirmação. Já encontrei versos dos Racionais em muros de favelas cariocas, como a Rocinha e o Dona Marta, assim como em Jurunas, periferia de Belém, no Pará. Mais do que isso, usar uma camiseta dos Racionais já me aproximou de trabalhador rural no interior de Minas em meu trabalho de consultor ambiental, assim como facilitou a sociabilidade com os participantes de um treino de jiu-jítsu no qual eu acabara de iniciar. A camiseta do grupo, uma pixação ou mesmo carros tunados gritando um som do grupo nos alto-falantes nos subúrbios é tanto um *street cred* — credencial de que você realmente é das ruas —, como diriam os gringos, quanto uma forma de pertencimento. Evidentemente, há contextos e contextos. O esquete de humor do grupo Hermes e Renato em que um monte de playboy gingando e curtindo Racionais nos alto-falantes de um carrão se assustam com a chegada de alguns manos ao ambiente é o epítome disso.

Nego Gallo, ex-integrante do influente grupo cearense Costa a Costa, atualmente em carreira solo, dá um testemunho interessantíssimo sobre o efeito do álbum na estética do rap de então: "É importante pra caramba, porque mudou naquele momento a forma de se falar, de se escrever e pensar rap no país. É um ícone. É importantíssimo desde a introdução e a forma como ele interpreta aquela oração." O grande mestre de cerimônias e ele próprio uma influência marcante para os Racionais, o rapper e trabalhador incessante do *show business*, Thaíde não tem dúvidas ao dizer que "os Racionais são o maior grupo de rap do Brasil". E continua:

> Criaram uma poesia forte e de uma dureza que só conhece quem viveu na periferia. Transformar o lado cruel da vida em poesia é algo que poucos sabem fazer. [...] foram eles que ajudaram a consolidar a indústria fonográfica independente, com suas vendas milionárias.

Mesmo sabendo do perigo que pode ser conferir alguma função pedagógica à arte, concordo com a síntese do rapper Rael: "Meus professores de História foram os Racionais." Sem menosprezar o papel dos historiadores do Brasil, há todo um mundo de histórias que vão além da historiografia oficial ou dos livros didáticos — ou pouco evidenciadas nesses materiais — que ganharam vulto na obra do quarteto. E mais: eles fizeram milhares de pessoas refletirem sobre as coisas que acontecem no país.

Tendo tudo isso em vista, penso sobretudo no peso da influência que o álbum exerceu em uma parcela enorme do rap nacional na virada do milênio, uma possível aclimatação do gangsta rap estadunidense, que não só bebeu do álbum *Sobrevivendo no inferno*, mas também tentou, sobretudo quando esse gênero foi perdendo espaço, se comportar como um norteador do que seria o "rap de verdade". Curto demais a declaração de Mano Brown à *Rolling Stone*: "o Racionais parece ter uma cartilha a seguir e não fomos nós que a escrevemos". Tentar enquadrar os quatro pretos mais perigosos do Brasil não é uma opção, tá ligado? E, nesse sentido, quando um ícone se posiciona contra a ortodoxia, me faz pensar que, paradoxalmente, é um norte para toda essa nova geração do rap cheia de estilo e particularidades.

Sobre a recepção crítica dos Racionais, sobretudo pós-*Sobrevivendo no inferno*, costuma-se lembrar logo do apreço que medalhões da dita MPB declararam pelo trabalho do grupo — Caetano Veloso[41] no topo da lista, como neste artigo para *O Globo*, de 2012:

> Mano Brown é uma referência para moradores de favelas por todo o Brasil; para músicos inteirados do que se passa na cultura popular contemporânea; para adolescentes de todas as classes sociais; para aspirantes a poetas. Chico Buarque já citou mais de uma vez o rap (ou o hip hop em geral) como a verdadeira música de protesto do nosso tempo: não é feita por universitários bem nutridos que se comovem com o sofrimento dos excluídos, mas pelas próprias vítimas da exclusão. Os Racionais MC's, grupo de que Mano Brown é líder, representam o ápice da cultura hip hop entre nós.

A gestação de uma tomada de posição alcança a maturidade com texto de José Miguel Wisnik, em seu livro *Sem re-*

---

[41] Tangenciando essa questão e lidando de forma muito acurada com as trombadas e confraternizações entre rap e MPB, recomendo o texto "Paratodos, para os pobres, pra ninguém", de Ricardo Teperman, que, se não esgota o assunto, trata da questão de forma profunda. Ver: https://www.revistaserrote.com.br/2017/05/paratodos-para-os-pobres-pra-ninguem-por-ricardo-teperman/.

ceita: Ensaios e canções, de 2004 — sete anos após o lançamento de *Sobrevivendo no inferno*. Wisnik afirma que o rap de São Paulo, e exemplifica com o álbum dos Racionais, seria "um acontecimento forte e significativamente fora do esquadro popular-nacionalista". E vai além:

> É o mais marcante fato novo da música no Brasil desde muito tempo, como expressão social, como linguagem e como fenômeno de produção, distribuição e criação de público. Trata-se do testemunho esteticamente contundente de excluídos sem escolaridade e índice gritante das transformações recentes e explosivas do Brasil.

Causa certo desconforto a questão do "sem escolaridade" ser um balizador, principalmente, por dois motivos. Primeiro, porque pressupõe certa centralidade em um tipo de conhecimento, ou melhor, de uma forma inequívoca de saber e que a produção do grupo contraria essa via. Bastante duvidoso por si só. Segundo, porque deixa subentendida uma visão de mundo, inclusive pedagógica, da qual discordo. Mas, enfim, questão de perspectivas, diria um universitário. Meu desacordo maior está em uma passagem adiante: "[os Racionais] utilizam-se da crueza rítmico-poética do gênero praticado por negros norte-americanos para expressar o corpo-a-corpo duro com a realidade da exclusão urbana no país, expressando e transcendendo a violência, ao fazer vê-la de seu outro lugar."

Ainda que entenda o ponto e saiba que esteja embutida alguma valoração na passagem "expressando e transcendendo a violência", me soa estranho que seja decorrente de vê-la "de seu outro lugar". Como costuma se dizer, é um comentário que fala muito mais sobre o emissor do que o receptor. É tão simples assim? Era só ter (como se não houvesse até então) um olhar da ponte para cá e eis a transcendência? Mas a questão para mim é que o disco, curiosamente, carrega essa potência não por transcender a violência, mas por dar um curto-circuito no que entendíamos, dos dois lados da ponte, do assunto. Porque trata do trauma de uma maneira que ele reverbera em diferentes direções. Inclusive, quando Brown fala das imagens trabalhadas no disco, diz que "as palavras não voltam vazias não, malandro [...]. Pra quem já foi espiritualista, sabe que ficar repetindo muito certas palavras alguma coisa materializa".

E sobre o período em que o disco foi lançado, emenda:

> Era um clima hostil, essas músicas provocam um clima diferente no ambiente... Esse disco chamou muita bala perdida. O que pra sociedade, classe artística, o pessoal que estuda a sociedade, analisou como um disco de protesto, pra nós era cortar na própria carne, entendeu?[42]

Um corte na própria carne. Como não estamos falando de Sacher-Masoch, fica difícil enxergar transcendência na expiação. Nos meses de preparação deste livro, ao me manter concentrado na escrita, tive uma preocupação enorme em trabalhar corpo e espírito para sobreviver minimamente são durante essa tarefa. Hoje fica claro para mim que a fala desse outro lugar pode revelar algo e até mesmo apresentar essa transcendência artística da qual fala o crítico. Mas da ponte para cá o lance é outro. O termo que me parece mais adequado é reverberação.

---

[42] Entrevista de André Caramante, e o trecho em questão pode ser encontrado aqui: https://www.youtube.com/watch?v=v7e5sll5lgM.

Mas a atenção da parcela "escolarizada", usando o termo do próprio Wisnik, nem sempre foi assim. E dou um exemplo da publicação que de longe deu mais espaço ao rap e aos Racionais no período.

No fim de 1998, a revista *Caros Amigos* lança uma entrevista extensa com Chico Buarque, tendo como assunto seus livros, discos e considerações/reminiscências sobre cultura e política no país. Não há, nem por parte dos entrevistadores nem de Chico, menção alguma ao *boom* do rap nacional nem ao impacto dos Racionais, fato que a própria revista havia destacado meses antes.[43] Curiosamente, o jornalista André Forastieri, em sua coluna que ombreia com o final da entrevista em sua edição impressa, lembra dos presentes que ganhara durante o ano e dispara bem ao seu estilo:

> Gilberto Gil, Caetano Veloso, Chico Buarque, Marina Lima, Lobão, e sei lá quantos mais "expoentes", lançaram novos produtos. Ninguém deu a mínima. Terra Samba, Vinny, Claudinho e Bochecha, É O Tchan!, Racionais MC's e outros desprezados pela crítica seduziram o país com alta criatividade e profissionalismo — música popular brasileira é isso aí.[44]

---

[43] Um certo fascínio de Chico Buarque pelo gênero resulta em uma faixa muito interessante chamada "Ode aos ratos", do álbum *Carioca*, de 2006. O disco acompanhava um DVD com um filme chamado "Desconstrução", sobre os bastidores da gravação. No link, o trecho em que Chico Buarque conversa sobre a faixa e trata um pouco de rap: https://youtu.be/DeLn9-T7gAg.

[44] Forastieri, André. "Meus presentes". *Caros Amigos,* nº 21, dez. 1998, p. 31. Tendo certa repulsa pelo estilo histriônico do autor, acho importante essa citação na medida em que atua como um ombudsman da revista de esquerda mais importante do período que passava ao largo do que o autor considera a real "música popular brasileira". E também, ao elencar

É curioso também pensar que dois artistas tão díspares quanto Lobão e Belchior foram pioneiros ao abraçar o trabalho do grupo e tentar encaixá-lo dentro de tradições musicais mais amplas que o rap. Mas há muita ironia nessa história.

Lobão, n'*O Globo* (19/4/1998), com sua verve bravateira inequívoca dispara: "Odeio todo o pop brasileiro, todos sem exceção são bunda moles. Os que eram bacanas — Julio Barroso, Cazuza, Renato Russo — todos morreram. Hoje só há os Racionais MC's, que são maravilhosos. Depois deles, tudo — até eu — parece história em quadrinhos." Essa perspectiva de tentar colocar o grupo em um *continuum* da música pop nunca vicejou porque realmente não tem muita razão de ser, mas talvez ainda fosse um tipo de reflexão possível, inclusive porque o rock brasileiro de então encontrava novo alento com a geração de Raimundos e outros. O curioso é pensar que, após sua guinada conservadora, Lobão elegeu o grupo como uma espécie de "inimigo a ser batido", atitude que encontra eco na declaração de outro ícone conservador do país, o deputado Arthur Moledo do Val, a respeito da inclusão do disco no vestibular da Unicamp como leitura na categoria Poesia: "Em primeiro lugar, o que acho de Racionais: uma bosta, um lixo, poluição sonora, não é música."

Este registro é só uma forma de mostrar mais uma vez que a vida de quatro negros altivos e talentosos, por si só, ainda pode causar muito alvoroço para quem se vê como herdeiro da casa-grande. O jogo é sujo e vai ganhar quem errar menos, diria um grande rapper da nova geração.

---

todos os "desprezados pela crítica", acaba fazendo menção, ao menos, ao desprezo da *Folha de S.Paulo* e da revista musical *Bizz*, onde atuou, respectivamente, como jornalista, colunista e redator.

A posição de Belchior, no *Jornal do Brasil* (23/9/1999), me parece mais interessante e ressoa de forma atualíssima. O bardo niilista vê nos Racionais certa continuidade de seu trabalho, "até porque existe também uma afinidade temática". Belchior, ainda hoje um fenômeno curioso no imaginário popular, por seguir querido e influente nos círculos universitários até as quebradas do mundaréu, de fato tentou através de suas crônicas *dylanescas* dar conta de parcelas da população pouco lembradas — ou fetichizadas — pelos cânones da chamada MPB, esse pequeno e monolítico condomínio fechado. E, em 2019, o rap, de certa forma, reconhece essa "afinidade temática", quando Emicida cita e sampleia "Sujeito de sorte", de Belchior, em uma faixa belíssima de *AmarElo*, um grito de resistência em meio à nova onda neoliberal que tenta nos jogar cada vez mais à mera condição de colônia de exploração.[45]

Em 2004, na *Folha de S.Paulo*, Chico Buarque fala novamente sobre o rap, tentando achar um lugar para essa aparente anomalia que representa o rap com tanta expressão social, tentando ligá-lo a outra expressão cultural negra: "O pessoal da periferia se manifestava quase sempre pelas escolas de samba, mas não havia essa temática social acentuada, essa quase violência na forma que a gente vê no rap." Caetano Veloso, na entrevista já citada de 2012, reflete sobre a questão de raça e classe, o que, em certa medida, cria mais paradoxos em relação a uma linha de continuidade com o samba:

---

[45] Não podemos esquecer que os versos "Eu sou apenas um rapaz latino-americano/ Apoiado por mais de 50 mil manos/ Efeito colateral que o seu sistema fez" ecoam em tom comunitário a solidão e o desalento que Belchior cantou em "Eu sou apenas um rapaz latino-americano/ Sem dinheiro no banco sem parentes importantes/ E vindo do interior".

Assim, a ênfase no nacionalismo negro sobre o brasileiro — e a autodefinição de classe por sobre a de região ou nacionalidade — se dá de forma mais legítima do que nunca. O álbum *Sobrevivendo no inferno*, dos Racionais, é a obra-prima dessa experiência entre nós.

Em 2014, na revista *Cult*, Brown contextualiza como a história de luta dos negros estadunidenses reverberou em sua música, dando mais pistas sobre o lugar de seu trabalho na sociedade brasileira:

> O negro americano sempre teve aquela postura combativa, passou a ter dos anos 1960 pra frente. Então serviu de inspiração para os negros daqui. Foi um canal pra trazer essa ideia de periferia também, de classe. Aí sai do quesito raça e vai pra classe. É praticamente impossível separar uma coisa da outra.

O destaque fica por conta do comentário na coluna do escritor Zuenir Ventura, no *Jornal do Brasil*, em 1998, escrito sob o calor da premiação do VMB que consagrou os Racionais naquele mesmo ano, e que facilmente poderia ser qualificada, à moda da cultura das redes sociais, como "*fan fic* de esquerda". Ele começa dizendo que havia recebido um CD do grupo há um ano do cineasta Cacá Diegues, com o qual compartilhava a opinião de que "não havia nada mais radical na música brasileira". No parágrafo seguinte, diz que o grupo evita contato com os "civilizados". Emenda dizendo que o cineasta havia assistido a um show do grupo, escondido, porque era provavelmente o único branco, e na ocasião Mano Brown, ameaçador, perguntava várias vezes para a plateia: "Tem algum branco aí?" E arremata afirmando que o amigo Cacá Diegues detinha "o título de raro intelectual branco a apertar a mão do inóspito Mano Brown". Em síntese, o texto derrama elogios, mas, no final, Zuenir afirma "desconfiar" que os músicos seriam engolidos pelo sistema que tanto criticam. Daí, resulta ultrajante observação: "Eu vi o líder de brinquinhos e um ridículo turbante, tive que me conter para não exclamar: 'De Carmen Miranda, Mano Brown?!'"

O já mencionado jornalista e quadrinista Alexandre De Maio, peça fundamental e pouco mencionada nesse estouro do rap brasileiro a partir de 1997, tem algo a dizer sobre o assunto:

> Isso de não tratar com brancos é mentira da porra! Eu mesmo sou branco e nunca tive problema com ninguém dos Racionais, a segunda capa da minha revista é com o KL Jay, a terceira com o Edi Rock, depois fiz com o Ice Blue, fiz com o Mano Brown... isso de não tratar com brancos é porque no discurso eles eram incisivos sobre negritude. Nunca vi nenhum branco falar que foi destratado por eles gratuitamente. As pessoas estão tão acostumadas aos brancos serem preferidos que quando tem um grupo de sucesso que prefere que os profissionais que trabalham com eles sejam negros, movimentar esse mercado negro, é acusado, como a gente bem conhece, desse absurdo do racismo reverso, e assim o Racionais ficou com essa pecha de discriminar brancos quando na verdade era só um movimento natural de tentar fazer com que o dinheiro circulasse entre os negros. Pessoalmente, nunca tive problema com eles e nunca vi eles não tratarem com brancos.[46]

Sobre esse tópico — e acho importante me deter sobre o assunto, já que é um dos boatos mais persistentes sobre o grupo

---

[46] Este e demais depoimentos de Alexandre De Maio foram dados ao autor em 28 de maio de 2019.

e tomou as ruas do país após o êxito do álbum de 1997 —, há uma fala de Mano Brown, presente nos extras do DVD *100% Favela*, lançado em 2006, que traz a complexidade da questão e lida diretamente com o "legado" desse boato. Brown, em fluxo de pensamento interessantíssimo, diz que

> humildade é sabedoria; arrogância é burrice, e muitas vezes eu fui burro. A burrice vem da neurose, do ódio, da revolta. Você passa na frente de uma favela, dá ódio, dá raiva. Dá raiva até da favela: Por que eles aceitam isso aí? Por que nós não vamos fazer alguma coisa? A revolta traz a arrogância. Você pode tratar um playboy com arrogância ou um cara que tem olhos verdes e não a mesma cor que a sua. Você acha que ele é rico, vai tratar ele mal porque você viu gente igual a você sofrendo. Isso é burrice, eu já fiz isso.[47]

Em 2004, a revista *Carta Capital* estampa a capa com Mano Brown e o título "Mano Brown: o outro lado do Brasil". A jornalista Phydia de Athayde, em longa reportagem, mostra um ser humano complexo e multifacetado: "Brown é o outro lado. Ele está da ponte pra lá. É o outro Brasil. Aquele que pouca gente, da ponte pra cá, quando chega perto, se arrisca a perder.

---

[47] Transcrito na edição nº 1 da revista *Rap.br*, de 2006. A fala foi captada na premiação que o Sarau da Cooperifa — evento semanal em um bar na extrema zona sul de São Paulo — conferia todos os anos. Curiosamente, é o único prêmio que conheço que não almeja a distinção do premiado: é uma forma de incluir o homenageado no rolê da Cooperifa. Sobre o conteúdo, busco as palavras de Frantz Fanon em seu *Pele negra, máscaras brancas*, no qual diz que o negro tem duas dimensões: "Uma com seu semelhante e outra com o branco. Não há dúvida de que esta cissiparidade é uma consequência direta da aventura colonial..."

Perder a ponte que liga um Brasil ao outro. Perder Brown. E ele joga pesado."

Na mesma edição, há um compilado de frases do rapper pinçadas de suas poucas intervenções públicas e um apanhado do texto que se tornou basilar sobre o grupo nas esferas intelectuais, "As fratrias órfãs". Em 2004, o papel do grupo e seu lugar na cultura brasileira já era outro. E o que antes aparecia como uma anomalia, a entrada da música rap pela porta da frente da "festa da música tupiniquim" — para citar o rapper que também conquistou um lugar ao sol, Gabriel O Pensador —, passa agora a lidar com outras questões, e o disco seguinte do grupo, *Nada como um dia após outro dia*, é a prova cabal disso.

Mas foi o disco *Sobrevivendo no inferno* que fez a intelectualidade local prestar atenção ao rap e aos Racionais MC's. É bom deixar claro que havia alguns e muito valorosos estudos acadêmicos e que tais sobre o assunto, mas uma busca simples em algum navegador de pesquisa mostra como os esforços nesse sentido se avolumaram a partir de 1998 de forma vertiginosa.[48] E, com isso, ao contrário do que certa perspectiva diz sobre o caminho dos Racionais, acredito que só ganharam em periculosidade, em abrangência e poderio discursivo, como já apresentado na primeira parte deste livro. "Nós somos o tipo de pessoa que, quanto mais poder tem, pior fica. Mais venenoso", sintetizou Mano Brown em 1998, ainda no período de repercussão do álbum *Sobrevivendo no inferno*.

Além disso, o rap é "o primeiro gênero musical de massa em que grupos excluídos rompem uma barreira cultural a

---

[48] A edição especial *Hip Hop Hoje*, da revista *Caros Amigos*, de junho de 2005, tem uma relação preciosa de sites, fanzines, livros, teses, dissertações, monografias e documentários que podem ser de interesse do leitor.

partir de uma produção própria, e não de uma concessão de fora", explica Fred Coelho em 2007, professor universitário e DJ. "O surgimento do Racionais é possivelmente o último grande acontecimento da cultura brasileira", aponta Francisco Bosco, talvez numa constatação entusiástica, com a qual eu mesmo tenho dificuldades em concordar, por mais que tenha vivido em primeira pessoa o impacto do grupo na sociedade. Soa, para mim, como uma observação centrada demais em uma percepção sudestina, que talvez não dê conta de fenômenos de outras partes, como o tecnobrega do Norte e suas implicações tanto estilísticas quanto comerciais na música de consumo rápido das demais regiões do país, por exemplo. Walter Garcia, músico e intelectual, faz uma contribuição fundamental ao dizer que "o novo lugar a ser ocupado pelos Racionais MC's na cultura brasileira apenas começou a se delinear. [...] Música negra no mercado hegemônico". Proposição que merece ser testada com acurácia, mas que me parece mais realista e produtiva.

A antropóloga Alba Zaluar, em matéria na revista *piauí* de 2007, pressupondo marcos civilizatórios que devem ser respeitados e preservados, diz que a música rap seria danosa para a "formação de uma sociedade democrática". Isto porque "a violência verbal do rap é perniciosa, 'porque vai no sentido oposto da civilidade'". O músico e acadêmico Luiz Tatit, encampa posição que nos parece mais verdadeira ao dizer que: "aí o problema é mais social do que musical". Por outro lado, Tatit considera que "a narrativa do rap tem um aspecto de fábula porque coloca o bem contra o mal, um contra o outro, o que tende a acirrar os ânimos num país desigual como o Brasil". Nada mais distante da realidade se considerarmos o álbum *Sobrevivendo no inferno*, onde o bem e o mal não estão em oposição, mas juntos e misturados, como ressalta Acauam Silvério de Oliveira e apresentado na primeira parte deste livro.

Assim, mais do que minar a tal "sociedade democrática", o disco realiza uma operação totalmente nova, desvelando as tramas de certa cordialidade fantasiosa tão propalada como o verdadeiro *éthos* nacional. É o próprio Acauam Silvério de Oliveira que aponta que "pode-se dizer que o projeto estético do grupo consiste em negar um dos principais pilares da formação do país [segundo o autor, a 'generalização da violência contra a periferia']". Dessa forma, parece evidente que por detrás de uma posição mais liberal — e pretensamente "civilizada" — escamoteia-se o fato de que nosso projeto de país está calcado na violência contra grupos historicamente marginalizados e que, dificilmente, a elite — seja ela econômica, seja ela cultural — terá de lidar com tal dinâmica.

Mas o disco dos Racionais, mais do que negar essa posição, é bastante propositivo e empoderador, sobretudo para a população negra brasileira. A intelectual Djamila Ribeiro explicita essa posição de forma exemplar:

> Foi um despertar muito potente da minha visão de negritude, como mulher negra que tinha passado por um processo de discriminação a vida inteira, de ter vergonha de ser o que era, e o *Sobrevivendo no inferno* marca esse lugar, do quanto eu me sentia acolhida e protegida por ter aquelas pessoas, os Racionais, falando sobre aquilo e o quanto eu podia falar também.

Luanda Julião, professora de filosofia e história e autora do romance *A ária das águas*, diz que o grupo paulistano, com suas rimas e melodias, teria o mesmo impacto em nosso contexto que o movimento negro dos anos 1960 nos Estados Unidos:

O Racionais MC's tem para a população negra brasileira a mesma importância que o movimento pelos direitos civis dos negros teve nos Estados Unidos na década de 1960, como o Black Power, Martin Luther King, Malcolm X e o Partido dos Panteras Negras.[49]

Ice Blue, em 2014, na revista *Cult*, resume um pouco desse legado quando diz que "o rap buscou primeiro ficar livre: os pretos serem pretos, o preconceito ficar estampado, o favelado ser favelado. Tudo isso o rap cantou e mudou. Acabou".

Cito novamente o pesquisador Ecio Salles, que escreveu algumas das linhas mais preciosas sobre o grupo e propõe uma verdadeira educação pelos muitos sentidos que os Racionais proporcionam.

O brilho inesperado e sutil de suas formas evanesce rapidamente, mas de alguma forma permanece na memória, como um efeito pedagógico que demonstra a potência realizável disso que brilha, e que pode alegorizar uma outra existência, uma reexistência — apesar de as letras no geral irascíveis e as melodias secas e ruidosas parecerem indicar o contrário.

Não bastasse a menção a uma outra existência que a produção artística dos Racionais revela, Leonardo Lichote diz que "a precisão musical e a contundência" do quarteto só teriam equivalente no poema "Navio negreiro", de Castro Alves, se este "tivesse sido escrito pelos escravos".

---

[49] Julião, Luanda. "Sobrevivendo no inferno é uma aula de história, política, racismo e luta por direitos". Ver: http://www.justificando.com/2018/05/28/sobrevivendo-no-inferno-e-uma-aula-de-historia-politica-racismo-e-luta-por-direitos/. Acesso em: 23/7/2019.

Vale notar que todos esses predicados relacionados aos Racionais ganham novos contornos, potência e reverberação em suas apresentações ao vivo sempre cheias de significados e implicações.

Para mim, um punk rocker suburbano politizado à esquerda e que viveu boa parte dos anos 1990 em uma relação forte com a cena punk, é quase impossível não relacionar o quarteto de São Paulo ao quarteto de Washington, D.C., Fugazi, considerada a maior banda de rock independente dos anos 1990 e um verdadeiro colosso ao vivo. Vi alguns concertos do Fugazi, em 1997, no Brasil, e o primeiro show dos Racionais no fim de 1998 ou início de 1999. Momentos de muita potência política e a lembrança ainda viva desses espetáculos nos quais você era mais coparticipante do que observador, com ambos os grupos tensionando de várias formas a relação público/artista.

Em 2012, Ice Blue traduz em palavras essa potência: "os Racionais não são mais dos quatro, são uma comunidade, uma coisa maior. Fugiu do nosso controle". O que pode ser entendido como o fato de as decisões do grupo levarem em conta o que o público pensa, mas também sugere relação de companheirismo. Ambos os grupos são pontos culminantes, e aparentemente intransponíveis, de desafio ao *statu quo*, negando qualquer tipo de engajamento comercial ou participação no *show business* de forma mais ampla. Se isso não é pouca coisa ainda hoje, não o era naquele momento.

Fugazi foi a expressão quintessencial do punk da capital estadunidense, uma cena notória por sua criatividade, diversidade e vocação comunitária e ativista. A produção dessa cena musical girou em torno do selo independente Dischord Records, que trabalha até hoje só com artistas da região, estampa o preço de seus discos na capa, não usa código de barras e é propriedade de um dos membros do Fugazi, Ian MacKaye. Isso por si só já lembra os Racionais e seu selo Cosa Nostra, com o valor do disco estampado na capa. É importante ressaltar que ambos os grupos surgiram sob forte impacto e influência do Public Enemy.

Posso dizer que vi os dois grupos nos seus auges — ainda que ambos tenham tido anos a fio de produção musical exuberante. Vi os Racionais em uma quadra na extrema zona sul, em um desses shows com vários grupos de rap. Chegamos ao local, uma quase dezena de garotos e garotas punks, a maioria absoluta branca, e evidentemente destoávamos quanto ao visual daquela incrível multidão humana. Até o show dos Racionais, que só aconteceu madrugada adentro, como era de praxe, o clima estava tenso. Algumas brigas aconteceram e um rapaz saiu carregado bem próximo a nós, com a camiseta bastante ensanguentada. Momentos depois, um pouco mais à frente na quadra, encontramos uma poça considerável de sangue e esse cheiro característico não tornava o quadro geral mais ameno. A noite inteira, um grupo de rapazes ficou pendurado na iluminação e na parte superior da estrutura da quadra, recebendo várias advertências de organizadores e MC's ao microfone, as quais eram ignoradas solenemente.

Finalmente, os Racionais entram no palco e podemos entender a força do grupo, do seu impacto visual, de tomarem o palco com muitos manos, das "orelhadas", do grave potente chamando o corpo à fala. Tudo que ouvíamos nos discos era redimensionado, revisado, como se aqueles quatro pretos afiados e confrontadores tivessem sobrevivido ao inferno e vindo ao mundo com muito a informar. Era difícil não prestar atenção e não querer, de alguma forma, se juntar ao bando, assim como devia ser muito difícil não querer compartilhar as boas-novas que Sidarta Gautama trazia após a grande travessia, sua iluminação. O poeta Sérgio Vaz traduz bem este sentimento: "É catarse, momento mágico de autoestima para um cara da favela, da periferia, para o negro. Aquele momento 'Sim, nós podemos!'. É a multidão a uma só voz, como se fosse o canto da liberdade, como se fosse o último dia de sofrimento." Quem já viu o DVD *Mil trutas, mil tretas* entende perfeitamente essa catarse libertadora.

E é verdadeiramente tentador associar a catarse de suas apresentações a uma experiência religiosa — sobretudo porque vivências desse tipo estão realmente cada vez mais confinadas a esses ambientes, verdadeiros espaços comunitários em um mundo em desintegração. Porque o neoliberalismo é ainda pior antes do café da manhã, diria uma banda hardcore local. Sobre um show realizado no Imperator, no Rio, em abril de 1998, um jornalista destacou que "Mano Brown & cia são os mais messiânicos pastores deste enorme rebanho de ovelhas negras e pobres: seus fiéis devotos agradecem. [...] Imperator [...] já abrigou desde Angra até Elymar Santos. Nenhum dos dois deu cinco mil pessoas como o Racionais".

Em 2014, Brown diz que "sempre gostei mais de ser o bandido do que ser o líder nas minhas músicas. Mais como um ombro do que como um mentor. Nada de ser mentor, sempre quis ser ombro, braço. Sempre quis ser braço".

Voltando ao show, após as primeiras músicas, Brown começou a "orelhada". Inicialmente, recriminou a violência no espaço, falou que possivelmente "uma mãe iria chorar naquela noite, que mais uma vez a raiva estava mal direcionada, que a gente continuava a fazer vítimas entre nós mesmos", e coisas assim. Esse tipo de discurso poderia ser o de um pantera negra estadunidense no passado, poderia ser do Public Enemy ou até mesmo de um dos vocalistas do Fugazi, mas quem já viu o Brown confrontando seu público sabe do engajamento que ele é capaz de provocar. O ambiente foi se acalmando, a ordem passava a ser a tônica ao mesmo passo que a euforia no palco aumentava. Nesse momento, Brown pediu, de forma ríspida, que os garotos pendurados nas estruturas do ginásio descessem dali, no que foi prontamente atendido, e finalmente todos estavam em segurança. Foi uma noite, por tudo que se passou, inesquecível, dessas que mudam vidas.

Quando alguém avalia as apresentações ao vivo dos Racionais e chega à conclusão de que eles "não queriam só fãs, mas, sim, transformá-los em cidadãos, afastando-os do mundo violento", como o fez um jornalista carioca, em 1998, na revista roqueira *Rock Press*, fica muito claro quão poderoso era o efeito Racionais no período do álbum *Sobrevivendo no inferno*, encontrando ressonância em públicos supostamente muito distintos do fã de rap médio.

O ÁLBUM

> se aqui
> há um inferno
> duvido
> só fui o que criei
>
> — ANDRÉ CAPILÉ (em colaboração
> com Luiz Coelho), "ngana jila kaliban"

E chegamos ao álbum propriamente dito. Uma vez apresentadas as ideias fortes do trabalho, a validação acadêmica, de outros artistas e da imprensa — que espelharia, de certa forma, os paradoxos e espanto da sociedade brasileira ao lidar com a produção "violentamente pacífica" do grupo —, chega a hora de enfrentarmos as entranhas do real inferno proposto no disco, com um entendimento fino das contradições sociais, uma carga emocional pesada e um requinte estético absoluto.

Em uma entrevista à revista *Rap Nacional*, em 2012 — ou seja, 15 anos depois do lançamento de *Sobrevivendo no inferno* —, Mano Brown avalia: "Já na época do disco eu achava aquilo defasado para a época e um ano depois que o disco tinha saído eu já havia enjoado. Tava todo mundo fazendo igual."

Essa constatação tem uma razão muito clara de ser e eles já anunciavam isso em "Mulheres vulgares": "somos racionais, diferentes e não iguais". Brown, ainda para a revista *Rap Nacional*, diz que o grupo sempre prezou muito pela liberdade de escolha, de ritmo, de som, de roupa, de capa, de nome de disco. "Eu sempre gostei de ir no sentido contrário do que as pessoas queriam, para surpreender." De fato, os trabalhos do grupo, antes e depois de *Sobrevivendo no inferno*, souberam dosar a perplexidade (resultante do vanguardismo) e a aceitação (invariavelmente através da força das ideias sugeridas, sempre falando fundo na alma de seu público) em doses iguais e cavalares. Nunca houve ideia desperdiçada e parece que eles nunca desejaram criar uma base de fãs acomodados. Contudo, o efeito desse disco no cenário rap foi exatamente o oposto, segundo Mano Brown:

> Aquele disco da cruz era muito fechado. E de certa forma ele limitou um pouco, não era um disco livre. [...] Depois que saiu, virou uma prisão, uma obrigação, virou regra. E eu não gosto de regras. A gente tem que quebrar regras, dentro e fora, senão vira uma água parada.

Essas análises tardias dizem muito a respeito do trauma dissecado pelo próprio álbum. Em uma entrevista longa realizada no primeiro trimestre de 1998 e publicada em setembro do mesmo ano, na revista *Caros Amigos*, Brown, ao ser indagado sobre a passagem bíblica estampada na capa do álbum — "Refrigere minha alma e guia-me pelo caminho da justiça" (Salmo 23, cap. 3) —, explica que era uma declaração de intenções, em tempo real, oferecida por um de seus criadores.

Eu quis fazer a comparação de um cotidiano violento e da religião. Tipo o que faz você ter mais segurança? A palavra da Bíblia ou a arma? Como é que você vai sobreviver? Às vezes eu vejo o Racionais tipo **no meio do inferno, cercado de uma pá de coisa** — é tráfico de um lado, polícia que quer ferrar a gente de outro, a inveja do outro, os *playboys* que querem pegar você e te esmagar. Então cê tá no meio, **driblando o tempo todo pra sobreviver**. [grifos nossos]

O jornalista Sergio Kalili, poucos meses depois do lançamento, em 1997, observou uma singularidade do disco que os estudos acadêmicos e a crítica musical iriam demorar algum tempo para constatar:

De modo geral, as letras perdem [em relação aos trabalhos anteriores do grupo] a pretensão de ensinar o certo e o errado. Apenas retratam em primeira pessoa casos violentos da periferia. O público tira a moral da história ao ouvir o desdobramento das narrativas.

Tendo a corroborar com a posição de Ice Blue sobre o álbum *Sobrevivendo no inferno*, quando diz que "ele veio na hora certa, representa uma época, um momento [...] mas a grande obra para mim é *Nada como um dia após outro dia*. Foi um disco diferente, levou um tempo pra ser digerido, pra entenderem". Não que *Sobrevivendo no inferno* não seja o que costumam chamar de obra-prima; ele é, sobretudo porque sintetiza e coloca em xeque uma situação geral — a permanência do racismo colonialista — e uma particular, que se repete neste exato momento no país — o neoliberalismo.

Assim como os samurais tinham o Bushido (literalmente, "caminho do guerreiro"), ou seja, um código de conduta e um modo de vida, neste álbum, todo o jogo de cintura que eles prescrevem como necessário para sobreviver ao inferno, em seus diversos círculos, pode ser sintetizado em algo presente no salmo bíblico: o "proceder", um "caminho da justiça". Nesse caso, uma justiça que seja real para o povo pobre, periférico e negro, não exatamente a justiça do Estado.

Em termos estéticos, só para reafirmar a percepção geral apontada em outros momentos, destaco a declaração de Emicida, que enxerga o disco como um "cavalo de pau na música brasileira — ele quebra radicalmente com o histórico da forma de se contar história na música brasileira". Walter Garcia sintetiza: "A rima tanto é um recurso mnemônico (rap, como canção popular que é, em alguns casos também é literatura oral) quanto é um recurso de apoio rítmico", características que já explicam uma parte importante da radicalidade do rap quando passa a ser incluído no cânone da música brasileira.

Para entrarmos nas músicas propriamente ditas, encerro essa apreciação preliminar com as considerações valiosíssimas do sociólogo Mário Medeiros. Inicialmente, por ele considerar o disco "uma obra de memória", colocando os MC's no papel de griôs pós-modernos:

> [*Sobrevivendo no inferno*] tem diferentes momentos em que a ideia de uma memória coletiva, de uma memória negra, periférica, vem mais à tona. "Diário de um detento" não é possível, na minha opinião, pensar essa letra sem se interessar, pensar o que foi 1992 e o Massacre do Carandiru. E passados mais de 20 anos do massacre [...], não vai poder passar ao largo da letra sem pensar sobre isso.

E o sociólogo encerra lembrando que essa "memória negra cheia de dor, raiva em relação ao que a sociedade brasileira foi capaz de produzir no pós-Abolição", é, por fim, "uma memória negra bastante insurgente da luta antirracista. Também uma memória de vida, de **celebração da vida** das pessoas que conseguiram sobreviver ao inferno [...] **não é pouca coisa sobreviver no inferno**". [grifos nossos]

E vale lembrar, como informa a Wikipédia: o disco aparece, em 2007, no 14º lugar na lista dos cem melhores discos da música brasileira da revista *Rolling Stone Brasil*, e, em 2015, Fernando Haddad, então prefeito de São Paulo, presenteou o papa Francisco com o álbum em uma visita ao Vaticano. No mundo acadêmico, neste novo milênio, o disco e o grupo são assuntos diletos nas mais variadas disciplinas de Humanidades. Viva!

Faixa um: Jorge da Capadócia[50]
(Jorge Ben Jor)

"Jorge da Capadócia" foi lançada por Jorge Ben (Jor) no disco *Solta o pavão*, em 1975 — continuação clara de seu clássico do ano anterior, *A tábua de esmeraldas*. Se em sua gravação original a canção é uma prece de proteção e um gesto devocional ao padroeiro do cantor, colocada no início do lado B do vinil, aqui ela também é uma prece e um gesto devocional, mas vai além e alcança uma ressonância muito maior e um lugar na cultura geral que não tinha atingido em sua versão original. A base, sampleada do medley "Ike's Rap II" e "Help me Love", de Isaac Hayes em *Black Moses*, de 1972, foi usada aqui (e na faixa de encerramento, "Salve") — e também pelos ingleses do Portishead ("Glory Box", de 1994) e Tricky ("Hell Is Round the Corner", de 1995) e por Alessia Cara na canção "Here", gravada em 2014.

Na arte infinita de citações que a cultura do sample proporciona, fica a impressão de que a escolha dessa faixa pode ter tido motivações (inconscientes, como veremos adiante)

---

[50] Todas as indicações de samples usados no disco e citados daqui em diante foram extraídas de Arjona, Ikie. "Todos os samples — *Sobrevivendo no inferno* — Racionais MC's". Ver: https://www.deveserisso.com.br/blog/todos-os-samples-sobrevivendo-no-inferno-racionais-mcs/. Acesso em: 12/7/2019.

meramente estéticas ou que a atmosfera geral do trabalho de Hayes emanasse a intenção geral do disco dos Racionais. *Black Moses* foi visto pelo cantor estadunidense como símbolo de orgulho negro em chave bem masculina: "Os homens negros podem finalmente se levantar e ser homens porque aqui está o Moisés Negro; ele é o epítome da masculinidade negra. Correntes que uma vez representaram escravidão, agora podem ser um sinal de poder, força e sexualidade e virilidade."[51] Essa faixa, assim como o sample de Isaac Hayes, é, antes de mais nada, uma declaração de altivez. O rapper Rael explica o efeito desta canção para o jovem negro periférico em 1997:

> É uma oração que parecia que todo jovem negro de periferia tinha que ouvir. Naquela época, o índice de morte nas periferias estava num nível muito alto, nos eventos de rap que tinham às vezes morria gente, polícia matava na porta do bar ou o próprio segurança da festa, ou tinha treta lá dentro, então aquilo era como uma oração para blindar a gente na rua.

Sobre esta faixa, segundo Brown, a combinação de samples chegou até ele por vias nada ortodoxas:

> Eu sonhei com o Jorge Ben cantando em cima do som do Isaac Hayes. Eu acordei e fui para a casa do Marquinhos, o Borracha, e ele fez um *loop* em fita cassete e nós começamos a cantar. Era um som esquecido do Jorge Ben, era dos anos 70 e até teve umas regravações, mas a periferia não estava cantando.

Brown, em outra ocasião, participando do programa *Yo Rap!*, da MTV, disse que "faltava alguma coisa mais nossa, mais íntima,

---

[51] Bowman, Rob. *Soulsville U.S.A.: The Story of Stax Records.* Nova York: Schirmer Trade, 1997. (Tradução do autor.)

morô?, pra esse disco, algo mais religioso, de proteção...". Eu costumo ser um tanto paranoico com as acomodações históricas fáceis que se criam sobre certos fenômenos culturais. O "disco evangélico dos Racionais", como muitos fãs costumam chamar este álbum — e a própria crítica parece abraçar essa ideia —, tem uma religiosidade bem complexa e acentuada pela própria forma, o que me faz ficar com o pé atrás sobre esse consenso. A atmosfera proporcionada pelo sample em tudo remete à música litúrgica cristã, mas o baixo lamentoso, o vocal soul/espiritual e um solo de guitarra *bluesy*, "a música de quem faz pacto com o demônio", corta a faixa e enche de sofrimento o que poderia trazer somente serenidade e paz. O "Ogunhê!" que, literalmente, abre os trabalhos — inclusão na letra que não consta na versão original de Jorge Ben, nem nas versões de Caetano Veloso (1975), nem na versão dance de Fernanda Abreu (1992) — é uma declaração de *éthos* guerreiro, uma convocação ao orixá guerreiro, aquele que "tendo água em casa, lava-se com sangue". Uma invocação, todo um trabalho estético impensado até então e que torna impossível ouvir esta canção hoje, em qualquer uma de suas versões, e não lembrar do brado inicial. Sincretismo religioso em alta voltagem, prenhe de apuro estético:

> Ogum, violento guerreiro, o homem louco dos músculos de aço.
> Ogum, que tendo água em casa, lava-se com sangue!
> Os prazeres de Ogum são o combate e as brigas.
> O terrível orixá, que morde a si mesmo sem dó!
> Ogum mata o marido no fogo e a mulher no fogareiro.
> Ogum mata o ladrão e o proprietário da coisa roubada![52]

---

[52] Verger, Pierre Fatumbi. *Lendas africanas dos orixás*. Salvador: Fundação Pierre Verger & Carybe e Corrupio Edições e Promoções Culturais 4ª ed. 1997.

Além disso, é um evidente aceno à ancestralidade negra, dado que Jorge Ben, segundo Gilberto Gil, foi o primeiro a trazer as palavras da língua africana e uma rítmica que contemplasse os sons africanos.

Como logo fica claro, desde a faixa de abertura, nada é muito fácil ou linear, cartesiano, com os quatro pretos mais perigosos do Brasil. Porque abrir mão desses "truques" faz parte do "proceder", o caminho da justiça para quem habita no andar de baixo, e para alcançar a justiça é necessário luta — Ogunhê!. Assim, parece que Leonardo Lichote em matéria à revista *Cult*, em 2014, não estava totalmente correto ao afirmar que "as bases instrumentais do álbum são aparentemente simples, como se houvesse um cuidado para que elas não roubassem atenção das letras" e que a música em si serviria para simplesmente "potencializar as palavras, mais eficiência do que surpresa". Há muito de assombro na construção estética dessas faixas. Concordo inteiramente, porém, com sua apreciação da faixa "Jorge da Capadócia":

> É um dos marcos mais bonitos, profundos e significativos da trajetória dos Racionais MC's, ao apontar com clareza raízes ao mesmo tempo em que anuncia novas possibilidades, em música e letra, para o Racionais MC's, para além das dicotomias.

Essa é ainda a única regravação registrada pelo grupo em toda sua discografia. De forma alguma isso deve ser notado como mero acaso. Um tributo, uma homenagem, uma convocação de guerra e o bastão de uma linhagem de música negra brasileira levado adiante.

Faixa dois: Gênesis (intro)
(Mano Brown)

E então começa o jogo. Sem tom definido, essa vinheta com acorde cluster de cordas é puro suspense. Depois do axé da faixa anterior, o ouvinte é jogado em uma sala escura, a passos cambaleantes, relutantes, e vai se guiando por uma luz que se pronuncia através de uma porta semiaberta. Em paralelo, a voz grave, reflexiva, cheia de identidade, surge. Mano Brown em sete versos define as benesses do sagrado (a natureza, as crianças, o amor) e os perigos dados pelo homem (a favela, as drogas, a traição, a violência, "as puta"). Tem algo que deve ser colocado claramente aqui — ainda que será desenvolvido em uma faixa na qual a questão aparece mais claramente: o machismo e a misoginia do grupo.

Há um viés misógino que permite colocar as mulheres (ou especificamente as que são vistas como "putas"?) como um dos perigos para o homem. Nessa construção, esse tipo de mulher é tão subalternizada que ela passa a ser um mero objeto. Diversas interpretações podem ser oferecidas a partir daí, porém nenhuma pode falsear a misoginia e o machismo contidos nesta passagem. Tratar disso não é buscar polêmica barata: Brown já se posicionou reiteradas vezes sobre o assunto e há muitas músicas que eles não tocam mais exatamente por esse motivo.

Em poucas frases, Brown elenca as pouquíssimas coisas boas necessárias para enfrentar o desafio de viver em uma sociedade que deseja sua morte breve e os desafios do jogo. O inferno são os outros (homens). E assim, no momento em que atravessamos a escuridão e alcançamos a porta, somos informados de que o personagem desse perigoso jogo tem apenas uma fé ("uma Bíblia velha"), uma vontade de sobreviver no inferno, custe o que custar ("uma pistola automática") e o sentimento certo para encarar a jornada ("revolta").

Fiat lux! E o cenário ao qual somos apresentados é ainda mais tenebroso do que poderíamos imaginar...

Faixa três: Capítulo 4, versículo 3
(Mano Brown)

O título da música é uma alusão ao fato de ser a terceira faixa do quarto álbum do grupo, escrita por meio da apropriação da linguagem religiosa, como os trechos da Bíblia cristã são divididos. A canção apresenta todas as armas que a persona assumida por Brown necessita para sobreviver às diversas tentações do mundão — o inferno — e costura reflexões provocativas e sagazes sobre temas como desigualdade social, criminalidade e consumo de drogas. E nesse trâmite Brown ostenta suas próprias qualidades enquanto rapper, em uma narrativa engenhosa na qual cada conjunto de versos, aqui e ali, escondem surpresas.

De cara, a música nos oferece uma lista de estatísticas nada encorajadora apresentada pela voz marcante de Primo Preto, ex-membro do grupo SP Funk e ex-apresentador do programa da MTV, *Yo Rap!*. Somos informados sobre a vida de impossibilidades dos negros no Brasil — e mais especificamente em São Paulo: negros e negras irão muito provavelmente sofrer violência policial; o risco de serem mortos pela polícia é enorme; se sobreviverem, muito provável que não consigam completar os estudos; e a cada quatro horas um jovem negro morre de forma violenta. Cada uma dessas estatísticas é acompanhada por um fá sustenido no piano. Para quem cresceu com esse disco como trilha sonora, esse clima e a potente locução, passou a evocar temor, apreensão e todo um projeto de vida que terá de ser abandonado.

Para sentir o drama que é essa introdução informativa, proponho um pequeno desvio de percurso para entender como, mais de duas décadas depois, a música ainda consegue traduzir a situação dos negros no Brasil. Infelizmente.

De todas as estatísticas elencadas, a única que teve melhoria visível é a que diz respeito ao acesso às universidades pela população negra. Segundo o IBGE, de 2015, saltou de 2% entre jovens de 18 a 24 anos, apresentados na música, para 12,8% contra 74% dos brancos. Contudo, ainda é um número que deveria causar revolta. Mas os dados sobre mortes violentas são os mais alarmantes:

> Segundo pesquisa divulgada pela UFSCar em 2014, a cada 23 minutos um jovem negro morre violentamente. Esse número é três vezes maior do que o de agressão cometida contra brancos e 10 vezes maior do que o dado retratado na emblemática música dos Racionais MC's.[53]

Ainda sobre a introdução desta faixa narrada por Primo Preto, Maria Rita Kehl, em seu clássico texto já citado "As fratrias órfãs", transcreve a nota de realidade e emenda que "quem prestar atenção nas letras quilométricas do rap, provavelmente vai se sentir mal diante do tom com que são proferidos estes discursos. É um tom que se poderia chamar de autoritário, mistura de advertên-

---

[53] Todos os dados de atualidade foram extraídos da reportagem "21 anos depois, 'Capítulo 4, versículo 3' ainda traduz a situação do negro no Brasil". Ver: https://medium.com/stick-to-sportz/a-20-anos-depois-cap%-C3%ADtulo-4-vers%C3%ADculo-3-ainda-traduz-a-situa%C3%A7%-C3%A3o-do-negro-no-brasil-5fa945ed669e. Acesso em: 18/8/2019.

cia e de acusação". Não concordo que haja um tom acusatório com o qual seja possível "se sentir mal"; trata-se de uma advertência que, visto pelos olhos contemporâneos, soa como aquele momento nos jogos eletrônicos com forte *storytelling* no estilo de *Tomb Raider*, que faz as honras de indicar todos os desafios com os quais terá de lidar no périplo que se avizinha, introduzindo o jogador. É de estranhar como esse disco não deu origem a um jogo do gênero, completando assim sua fruição através de um dos principais meios com os quais a juventude lida atualmente.

"Capítulo 4, versículo 3" é para muitos o ponto alto deste álbum[54] e onde Brown em todo seu brilho poético e *flow* (levada) afiadíssimo, insano, define e expande — nunca superados — os traquejos e motivos do que se entende por gangsta rap (ou "rap pesadão", na linguagem das ruas) feito no Brasil.

Um sample com ares épicos de "Slippin' into darkness" (do álbum *All day music*, do grupo War, de 1971), logo após a fala inicial, é cortado bruscamente, dando espaço a uma sequência rítmica pinçada no piano, entrecortado por uma batida constante, um bumbo pulsante e uma caixa onipresente. Fechando a tampa, Mano Brown rouba a brisa geral, abrindo caminho para todas as vias tortuosas dessa jornada infernal com um conjunto de quatro versos inesquecíveis:

Minha intenção é ruim, esvazia o lugar
Eu tô em cima, eu tô a fim, um dois pra atirar
Eu sou bem pior do que você tá vendo
O preto aqui não tem dó, é 100% veneno

---

[54] Esta faixa, em sua apresentação ao vivo no VMB Brasil, da MTV, foi considerada pela revista *Rolling Stone Brasil* um dos cem maiores acontecimentos da história da música brasileira.

Se o conjunto de rimas finais (lugar, atirar, vendo, veneno) não é especialmente memorável, a interpretação dá um swing particularmente malandro, e no conjunto de rimas internas afiadas (ruim, a fim, pior, dó), a síncope do canto falado contrabalanceia a tônica das batidas. A forma como Brown costura cada verso em dois momentos rimados faz com que absolutamente nada do que está sendo dito seja em vão — todo o perigo que a persona da música representa gruda em nossa memória. Ninguém duvida da "disposição pro mal e pro bem" que ele reclama para si. Pelo contrário, desde o início, o ouvinte fica completamente entretido — ou até mesmo seduzido — pela narrativa hipnótica, pagando para ver até onde aquilo nos levará.

Essa música ainda encontra espaço para realizar o que se convencionou chamar de *agitprop* (agitação e propaganda), elegendo de forma clara adversários ou inimigos (em versos como "vim pra abalar seu raciocínio", "seu comercial de TV não me engana" e "efeito colateral que seu sistema fez") e companheiros para a travessia do inferno da realidade rumo à superação do trauma do racismo:

> Para os manos da Baixada Fluminense à Ceilândia
> Eu sei, as ruas não são como a Disneylândia
> De Guaianazes ao extremo sul de Santo Amaro
> Ser um preto tipo A custa caro

Eu sei, há um certo consenso sobre como esse caráter dito panfletário pode diminuir ou ao menos criar algumas armadilhas para a produção artística. Certo é que, com o passar dos anos, o *agitprop* do grupo foi sendo refinado e entranhado no tecido das músicas, de forma muitas vezes sorrateira, como mais um elemento discursivo. Digo "sorrateira", mas para os "50 mil manos" que apoiam o grupo, essa característica sempre foi muito bem compreendida.

Esta faixa é também exemplar da obra do grupo ainda por duas razões. Em primeiro lugar, nos apresenta o jogo muito bem estabelecido desde sempre entre os MC's Brown e Edi Rock. Enquanto Brown traz à tona uma persona ao rés do chão, participando e refletindo vertiginosamente do cotidiano em tempo real, Edi Rock, a "voz forte da Norte", nos apresenta uma visão panorâmica e equilibrada da realidade da população pobre e periférica, perfilando uma gama enorme de tipos sociais, indo do "monstro que nasceu em algum lugar do Brasil" até "o príncipe guerreiro que defende o gol", fazendo alusão a Edinho, filho de Pelé que defendia a meta santista, amigo do grupo. São 12 versos marcantes que redimensionam e trazem para dentro do que Brown apresentou até então, um rol enorme de vozes a serem lembradas pelo narrador Brown, que retoma as rédeas com versos duros:

> E eu não mudo, mas eu não me iludo
> Os mano cu de burro tem, e eu sei de tudo
> Em troca de dinheiro e um carro bom
> Tem mano que rebola e usa até batom
> Vários patrícios falam merda pra todo mundo rir
> Hahá, pra ver branquinho aplaudir

Em segundo lugar, apresenta uma nova persona de Ice Blue, intérprete na faixa (Blue passa a ser autor no último disco do grupo, *Cores e valores*), que havia sido esboçada no disco anterior e está plenamente desenvolvida neste álbum. E, acima de tudo, mostra toda a síncope e a malandragem de seu *flow* com três versos antológicos, que também marcam uma virada para uma crônica em primeira pessoa:

> Faz frio em São Paulo, pra mim tá sempre bom
> Eu tô na rua de bombeta e moletom
> Dim-dim-dom, rap é o som que emana do Opala marrom

Se Edi Rock é a razão e a ponderação e Brown é o terrorista da rima, a persona assumida por Ice Blue é o contraponto a ambos, em um jogo que lembra o que Flavor Flav realizava com Chuck D e Professor Grift, no Public Enemy, grupo que sempre foi uma influência assumida pelos Racionais MC's. Se Flavor Flav é praticamente um *clown*, um respiro perto da sisudez dos outros MC's, Ice Blue é aquele que traz a voz da rua em primeira mão, no calor do momento, expondo algo de exagerado e, outras vezes, de malandragem, próximo ao estereótipo estadunidense do "pimp" no gangsta rap. É uma voz urgente, irrefletida, mas que dialoga bem com certo "espírito do tempo" popular e periférico. Nos primeiros sete versos, Blue descreve sua conduta, seu "proceder" junto aos seus. Brown em dois versos constrói toda a ambiência, o cenário onde ambos se encontram. A partir daí, Blue assume a persona do falastrão, acusador da conduta alheia, fechando essa meia dúzia de versos com

> Ó os cara, só o pó, pele e osso
> No fundo do poço, uma pá de flagrante no bolso

Parece-me importante distinguir e subjetivar cada persona dos MC's, pois existe um olhar acadêmico de tons "sociologizantes" que se prende a uma suposta mensagem inequívoca na obra do grupo e despreza (ou não entende) a potência dessa polifonia arquitetada com tanto esmero, de forma a mostrar a complexidade e a dimensão de uma parcela da população poucas vezes representada de forma tão multifacetada.

Sobre os samples usados, além de "Slippin' into Darkness" do combo funk californiano War, a bateria suavemente gingada da faixa foi tirada de "Sneakin' in the Back", de Tom Scott and The L.A. Express (no disco homônimo de 1974), o baixo levemente alterado em seu andamento é de Marshall "Rock" Jones, em "Pride and Vanity", do Ohio Players (álbum *Pleasure*, de 1972). E há dois samples que merecem maiores comentários: o clássico "Aleluia" usado como refrão na faixa, extraído de "Pearls", de Sade (do álbum *Love Deluxe*, de 1992), e "Eles não sabem nada", do grupo MRN (do álbum *Só se não quiser*, de 1994, produzido no Atelier Studio, de Vander Carneiro), clássico absoluto do rap paulistano.

"Pearls" é uma emocionante crônica de vida de uma mãe na Somália, onde as "pérolas" do título da canção seriam o ganho obtido na mendicância nas beiras de estrada do país. Um sample de uma canção sobre uma mulher miserável somali, na voz de uma negra nigeriana criada na Inglaterra, inserida em uma faixa de um grupo de rap brasileiro. "She cries to the heaven above/ There is a stone in my hear/ She lives a life she didn't choose/ And it hurts like brand-new shoes/ Aleluia" [Ela chora para o céu no alto/ Há uma pedra no meu coração/ Ela vive uma vida que não escolheu/ E machuca como sapatos novos/ Aleluia], canta Sade na canção comovente. "Aleluia", originário dos cânticos de alegria ou de ação de graças, que do judaísmo passou para a liturgia cristã, pode soar irônico na versão original, mas na faixa dos Racionais é um canto de resistência, um brado da persona que sobrevive ao trauma, que encerra o ciclo de morte necropolítico, "contrariando as estatísticas".

Já a citação ao MRN tem outro poder; inicialmente, o de incluir alguns dos "50 mil manos" que são braços do quarteto e, depois, fortalecer a própria comunidade hip hop paulistana com a lembrança de um grupo que, a bem da verdade, encontrou um apuro em suas produções antes dos Racionais. E, por fim, um desafio subliminar ao próprio Estado, ou melhor, ao seu braço armado, a polícia.

A faixa "Eles não sabem nada" é uma crítica ácida às ações violentas, racistas e preconceituosas da Polícia Militar. Como se isso não bastasse, em novembro de 1994, em um show histórico do MRN com outras bandas, no Vale do Anhangabaú, em São Paulo, ao sair do palco, os músicos foram detidos pela polícia por conta desta música. No mesmo evento, os Racionais tiveram o show interrompido justamente na música "Homem na estrada", que guarda menção nada elogiosa à polícia. Não fica claro que essa citação é um desafio velado à polícia?

A persona nesta música, que adentra e vive o inferno do real, muito mais chapa quente que o proposto por Dante, em *A divina comédia*, já deixa claro que, para encarar essa provação e não ser consumido por ela, você não pode ser um "neguinho", pois o demônio "fode tudo ao seu redor/ Pelo rádio, jornal, revista e outdoor/ Te oferece dinheiro, conversa com calma/ Contamina seu caráter, rouba sua alma/ Depois te joga na merda sozinho/ Transforma um preto tipo A num neguinho". Não. Evocar São Jorge/Ogum antes de adentrar o "jogo" é possível porque ser um guerreiro em tempos de "paz" é a única via possível: "Permaneço vivo, eu sigo a mística/ Vinte e sete anos, contrariando a estatística." Quando estes versos foram gravados, para o público, segundo o músico Rael, "parecia que o Brown vivia em todas as favelas do Brasil, ele narrou a história de várias quebradas ao mesmo tempo".

Anos depois, questionado sobre como se via no momento, tendo em vista os versos "talvez eu seja um sábio, um anjo, um sádico" de "Capítulo 4, versículo 3", Mano Brown foi direto: "Lutador!" Logo, não tão diferente da persona apresentada aqui.

Um sino ressoa no fim da faixa. Rompe-se o encanto? É mais um elemento associado à religiosidade cristã usado como mero ornamento sonoro? Ou é a marcação de uma virada de jogo que acontece na próxima música? Citando um outro rap pesado, "o jogo é sujo e vai ganhar quem errar menos" — como fica claro na engenhosa crônica que vem na sequência.

Faixa quatro: Tô ouvindo alguém me chamar

(Mano Brown)

É a história do próprio narrador, um anti-herói jovem que através de fragmentos não lineares descreve sua ascensão e queda no mundo do crime. Colocando assim, parece que é simplesmente um som padrão do chamado gangsta rap brasileiro. Mas ao começar por uma história que nos é apresentada pelo fim, há o mais perfeito casamento entre os três elementos principais do rap (música/batida, letra e canto). Os 11 minutos dessa faixa são um primor de ligação inequívoca entre paisagem sonora e conteúdo verbal.

"A forma como Brown descreve a história, de forma quase cinematográfica, demonstra sua capacidade como escritor e crava uma das mais complexas narrativas da música brasileira", nas palavras de um fã na *Genius Brasil*. Arrisco a dizer que, no rap brasileiro, não há paralelos possíveis nesse sentido. É uma das músicas que mais despertam debate entre os fãs, dada a sua construção intrincada.

Na primeira parte, a música nos apresenta Guina, mentor e parceiro no crime do narrador. A elaboração desse personagem secundário é tão incrível e importante para a música que ganhou força extramusical entre parte dos fãs. Podemos ler sobre o poder do personagem no artigo acadêmico de Henrique Marques Samyn:

> A (ambígua) figura do Guina aparece como motivo central da narrativa, nesse primeiro momento. Caracterizado como parceiro ("Parceria forte aqui era nós dois"), embora errático ("Louco, louco, louco e como era/ Cheirava pra caralho, vixe, sem miséria"), Guina mescla os papéis de mestre e modelo: "Foi professor no crime/ […]/ Puta, aquele mano era foda/ Só moto nervosa/ Só mina da hora/ Só roupa da moda/ Deu uma pá de blusa pra mim/ Naquela fita na butique do Itaim." Vendo-se nessa situação, o narrador-protagonista toma uma decisão determinante para sua trajetória: entrar para o crime.

Há duas características fortes neste som: a premissa de que a falta de perspectivas leva ao crime, simbolizados no Guina ("Lembro que um dia o Guina me falou/ Que não sabia bem o que era amor/ Falava quando era criança/ Uma mistura de ódio, frustração e dor"), que tinha todos os elementos para ser bem-sucedido ("Ele tinha um certo dom pra comandar/ Tipo linha de frente em qualquer lugar/ Tipo condição de ocupar um cargo bom e tal/ Talvez em uma multinacional"), e o poder do dinheiro reinando absoluto, como régua na escolha de vida das pessoas e ditando seus destinos ("Maior que o medo, o que eu tinha era decepção/ A trairagem, a pilantragem, a traição/ Meus aliado, meus mano, meus parceiro/ Querendo me matar por dinheiro"). Wu-Tang Clan já sintetizava e dava o tom em 1993, "Cash rules everything around me — C.R.E.A.M!" [Grana comanda tudo a minha volta]:

> No mundão você vale o que tem
> Eu não podia contar com ninguém

Alinhado com o espírito geral do disco, esta faixa ainda faz menção às benesses divinas como descritas em "Gênesis" (a natureza, as crianças), mostrando, no imaginário proposto pelo disco, quão distante da fé — um dos ingredientes do "proceder" — o anti-herói da música estava:

Tem uns barato que não dá pra perceber
Que tem mó valor e você não vê
Uma pá de árvore na praça, as criança na rua
O vento fresco na cara, as estrela, a lua

A forma pela qual é construída a ruína do personagem principal merece atenção. O verso "Eu tô ouvindo alguém me chamar" no fechamento das estrofes, seguido por um valioso silêncio do narrador-personagem, é comentado pela pesquisadora Marília Gessa: "Este verso claramente sinaliza ao interlocutor um evento externo àquele da narrativa que vinha em curso até o momento, chamando a atenção para as ações que estão acontecendo ao mesmo tempo em que o narrador-personagem conta a sua história."

A música é construída em tom de fá sustenido — o mesmo fá (em escala blues) usado em outro relato pesado de Brown no disco, "Diário de um detento" — e a base musical é marcada por uma batida forte e seca, sem reverberação, e som de monitor cardíaco. O uso da técnica do sampling tem um de seus pontos altos nesta faixa do disco, como explica Marília Gessa, deixando claro por que essa técnica é uma mudança brutal na forma de se fazer música tradicional, baseada em notas:

Os samples utilizados para compor a porção musical da obra se apresentam como poderosos recursos de teatralização dos cenários e das situações narradas nas letras, interagindo com o canto mais do que em aspectos rítmicos e melódicos e influenciando diretamente na produção de sentido do rap.

Durante os 11 minutos da faixa há o ruído incessante de um equipamento hospitalar, sugerindo um batimento cardíaco que confere um pulso extra à faixa. O transe dos elementos sonoros, contundentes, brilhantemente realça a tensão da narrativa e sobretudo do personagem Guina. No fim da música, o barulho acelera e indica a morte do personagem, de forma que o ouvinte deduz, já que a letra não traz menção ao fato.

O sample principal da música, que oferece a paisagem sonora por onde se desenvolve toda a tensão, é tirado da introdução de "Charisma" (álbum *Yours Truly*, de 1981), do trompetista de jazz americano Tom Browne. Dois anos depois da citação feita pelos Racionais, é a vez do imortal The Notorious B.I.G. usá-la, com intenções bem distintas, em "I Really Want to Show You", do álbum póstumo *Born Again*, mostrando como essa técnica tão cara ao rap é infinita em suas utilizações.

A introdução que abre caminho para o clima tenso de suspense desse thriller sonoro é um trecho de "Do It to Me Now" (álbum *On the Floor*, de 1982), da Fatback Band. Na sequência, vem um sample de "Poor Abbey Walsh" (terceira faixa da trilha sonora do filme *Trouble Man*, de 1972), de Marvin Gaye, sampleada por outros cinco artistas com brilho nada comparado ao conseguido pelos Racionais, o qual introduz a cobrança do Guina.

Notem, esse é o primeiro álbum de Gaye após o politizado e incomparável álbum *What's Going On*. O álbum *Trouble Man* foi o primeiro a ser escrito e produzido exclusivamente pelo artista, que teve total controle criativo. Não menos importante é o fato de a breve letra desta faixa falar da morte de um personagem do filme que é atribuída, injustamente, ao protagonista da película, e o piano, que marca a composição de Brown, é tocado pelo próprio Marvin Gaye. Chamo a atenção disso para registrar essa parceria entre Mano Brown e Marvin Gaye, em uma composição que encontra ressonância temática em ambos, na esteira da politização cruzada dos artistas, em um momento que podem comemorar a liberdade criativa (de serem homens negros livres?). Mesmo considerando o campo das expressões artísticas negras diaspóricas, que tem em seu próprio DNA a premissa de diversos entrelaçamentos, essa música parece, ao menos nesse pequeno momento tão impactante, memorável.

Faixa cinco: Rapaz comum
(Edi Rock)

Mais um filme triste, novamente a narrativa do assassinato de alguém envolvido com o crime. Mais uma reflexão sobre o desperdício de vidas. O jogo proposto pelo disco até aqui nos apresentou mais baixas do que sobreviventes ao inferno. E, diante desses "tempos difíceis", para citar outro clássico do grupo, "Rapaz comum" destrinça a predatória lei da selva, de concreto e aço, na caneta e voz de Edi Rock, em seu primeiro grande momento solo no disco.

Edi Rock conta em primeira pessoa a história de um jovem que levou um tiro. "Parece que alguém está me carregando perto do chão/ Parece um sonho, parece uma ilusão", canta no início da composição. O "parece", ressaltado três vezes, incute certa dúvida no ouvinte, mas a composição narrativa linear torna a ideia central menos hermética do que a composição anterior. Aqui há toda uma apresentação sistemática de grandes questões, como a violência na periferia paulistana e o assassinato de jovens negros que, como sabemos desde o início deste disco, são vítimas preferenciais no país. "Morre um, dois, três, quatro, morre mais um em breve." A vida é só um detalhe, e o rapaz comum "não é o último, nem muito menos o primeiro", e entende-se que ele ser alvo de violência não é fatalidade, mas um destino predeterminado. O personagem principal só consegue ver valor na vida quando esta lhe escapa:

> Que valor tem? Quanto valor tem?
> Uma vida vale muito, vim saber só agora
> Deitado aqui e os manos na paz, tudo lá fora
> Puxando ferro ou talvez batendo uma bola

Se é verdadeira a tese que MC's cultivam certa vaidade, são competitivos e refinam suas técnicas no intuito de superar colegas e adversários, Edi Rock não quis ficar atrás de Mano Brown e sua escrita é a prova disso. O conjunto de versos a seguir é um belo exemplo:

> Um lenço que enxuga meu suor
> Enxuga sua própria lágrima
> No rosto de uma mãe que reza baixinho
> Que nunca me deixou faltar, ficar sozinho
> Me ensinou o caminho desde criança
> Minha infância, mais uma eu guardo na lembrança
> Na esperança da periferia eu sou mais um

A forma como encadeia as sílabas tônicas no interior dos versos, buscando uma cadência em contraponto com a síncope das batidas, é nada menos que primoroso. O repique no fim do terceiro verso ("fal**tar**, fi**car so**zinho") é coisa de quem tem muita consciência rítmica. O jogo imagético é um deslumbre: Edi Rock praticamente coloca o ouvinte junto da mãe que sofre ao lado do filho em seu leito de morte. Agonia no primeiro verso ("o suor"), tristeza no segundo ("lágrima") e fé contida no terceiro ("reza baixinho") é a síntese dos temas de fundo do álbum, tal qual exposto na parte inicial deste livro. A partir do quarto verso, a reflexão do protagonista, marcado por sons de "s" vai criando uma atmosfera íntima, sentimental, que, literalmente, é cortada no fim do sétimo verso, que soa inconcluso, reticente, explicado no sample da cabeça do refrão: "click cleck, bum!"

Se alguém ainda tinha dúvidas sobre uma temática inequívoca que perpassa o álbum, esta faixa nos oferece mais elementos. Os versos "Então, a fronteira entre o céu e o inferno tá na sua mão/ nove milímetros de ferro" reforçam a ideia de "Gênesis (intro)" sobre itens necessários para a sobrevivência no inferno da realidade, e o próprio Edi Rock explica, em quatro versos, quão traiçoeira é essa opção:

Cuzão! Otário! Que porra é você?
Olha no espelho e tenta entender
A arma é uma isca pra fisgar
Você não é polícia pra matar

Como apontou Maria Rita Kehl, "a voz do cantor/narrador dirige-se diretamente ao ouvinte, ora supondo que seja outro mano — e então avisa, adverte, tenta 'chamar à consciência' —, ora supondo que seja um inimigo — e então, sem ambiguidades, acusa".

Eu costumo repetir que se o hip hop realmente salva vidas, Edi Rock seria o seu cirurgião mais habilidoso. "Rapaz comum" e "Mágico de Oz", neste disco, e "A vida é desafio", no próximo, aparecem com frequência nos relatos de fãs que encontraram apoio em suas canções — eu mesmo já superei muitos momentos terríveis encontrando diálogo e conforto em músicas da "voz forte da Norte".

Se até então os samples usados tinham sabor de funk e soul setentista, em termos sonoros a virada do disco, que *stricto sensu* começaria na próxima faixa, inicia-se aqui. O clima sonoro sugerido nesta faixa ganha contornos mais fortes com a próxima, marcando a primeira virada no álbum.

Os Racionais utilizam um sample de "Hyperbolicsyllabicsesquedalymistic", de Isaac Hayes, já usado com mestria — e seguido praticamente da mesma forma aqui — em "Black Steel in the Hour of Chaos", de 1989, do Public Enemy, marcando a primeira homenagem direta ao grupo que moldou muito a estética do quarteto paulistano. Há ainda, no refrão, trechos de "Mano na porta do bar" ("a lei da selva é assim, predatória/ preserve a sua glória").

O uso desse sample realmente causa algum conflito desde sempre em páginas e fóruns de debate: a fonte seria a versão original, de Isaac Hayes — uma vez que o artista já tinha sido sampleado em "Jorge da Capadócia" —, ou a que foi usada pelo Public Enemy. Eu não tenho dúvida de que a referência foi "Black Steel in the Hour of Chaos", dada a forma como é utilizada e pela supressão do baixo que existe na versão original. Mas vale a pena lidar com ambas as versões, que, novamente, têm alguma relação com o que é apresentado em *Sobrevivendo no inferno*.

A música "Hyperbolicsyllabicsesquedalymistic" está no álbum *Hot Buttered Soul*, de 1969, lançado pela legendária gravadora Stax, um álbum de apenas quatro faixas em que todas rompem o padrão soul vigente de então, de faixas com três ou quatro minutos. Hayes havia recebido carta branca da gravadora para fazer seu segundo álbum livremente, e a referida faixa, com quase dez minutos, contando as idas e vindas de um tórrido romance inter-racial, é resultado disso. Não soa abusado dizer que essa liberdade toda — estética e de conteúdo — lembra a própria recusa dos Racionais ao formato comercial do rap, tal qual estabelecido pelos praticantes estadunidenses do gênero: as famosas 16 barras divididas em quatro partes contendo quatro versos cada, em faixas com cerca de três minutos.

"Hyperbolicsyllabicsesquedalymistic" não foi usada pelo Public Enemy por acaso: Chuck D, a voz grave inigualável do rap politizado, tinha admiração absoluta por Isaac Hayes, defensor dos direitos civis, músico respeitado e com grande presença na indústria cultural ianque. O curioso é que a música do Public Enemy é um rap escrito na voz de um negro aprisionado que planeja sua fuga. Inicialmente, é difícil não imaginar que o clipe da música, todo filmado em um presídio, não tenha influenciado o clipe de "Diário de um detento" — assim como o próprio tema. Por fim, em uma dessas ironias que a arte de samplear proporciona, podemos vislumbrar um final mais heroico para o Massacre do Carandiru retratado na antológica faixa de Brown (escrita em parceria com o então detento Jocenir). Continuando a passagem de bastão, a música de Hayes ainda foi sampleada pelo rapper gangsta The Game, em "Remedy", de 2006.

Faixa seis: "..."
(Edi Rock)

Reticências é um sinal de pontuação que marca uma interrupção, indicando uma suspensão na melodia frásica, a suspensão ou interrupção de uma ideia ou pensamento, ou de uma ação inacabada. Em termos de linguagem escrita, transmite sentimentos e sensações típicas da linguagem falada, como hesitações, dúvidas, surpresa, ironia, suspense, tristeza...

Mas como avaliar essa faixa instrumental no contexto do álbum, além de, evidentemente, dividir o trabalho em duas partes?

Inicialmente, é interessante ressaltar que esta faixa, ao contrário do que muitos pensam, não foi produzida por KL Jay, e sim por Edi Rock, como consta inclusive nos créditos do álbum. O sample utilizado como pano de fundo para a faixa toda é de "What's the Use", do trompetista de jazz Jimmy Owens (álbum homônimo, de 1976), um tipo raro de jazz be bop levemente psicodélico. Saem de cena os samples de soul e funk e chega, por fim, uma atmosfera jazzy, como o trecho selecionado de um trabalho inusual do clássico trompetista nova-iorquino, que tocou com gigantes do gênero, como Lionel Hampton, Charles Mingus e Dizzy Gillespie, antes de se destacar com sua banda e como educador musical renomado. É ainda curioso notar que foi seu primeiro uso como sample, segundo o site WhoSampled, sendo sampleada novamente apenas em 2007 — dez anos depois de os Racionais o terem feito —, por Large Professor, produtor seminal no rap de Nova York, na música "Oh Winz".

Além do fato de ser a única faixa a utilizar tempero jazz no álbum, é a primeira a usar o modo dórico (em tom de sol), o que também ajuda a mudar bastante o clima do disco. Não fosse o fato de ser seguida por "Diário de um detento", fatalmente a escolha do nome "..." para a música carregaria consigo a ideia de uma suspensão, de uma ruptura com o discurso apresentado até então, em que prevalece a necropolítica. Mas não, esta faixa é a própria dúvida personificada sonoramente. E nomeá-la com reticências é uma evidência de que o conjunto da obra se trata de uma narrativa maior, o que me leva a crer que este é um álbum verdadeiramente conceitual. A partir daqui seria finalmente possível sobreviver no inferno? A faixa a seguir responde a esta questão, mas não sem uma ironia cruel: você pode até sobreviver, como é o caso de Jocenir, ex-presidiário e coautor da faixa, mas continuará preso em condições desumanas. Nada é simples no universo dos Racionais MC's.

Faixa sete: Diário de um detento

(Mano Brown e Jocenir)

Antes de mais nada, é necessário dizer: esta canção é um marco sem precedentes na cultura, na sociedade, na história do Brasil dos últimos 30 anos. A jornalista Amanda Cavalcanti sintetizou o apelo da faixa de forma exemplar:

> Cheiro de morte e Pinho Sol, rango azedo com pneumonia, sangue jorrando do ouvido, da boca e do nariz, Adolf Hitler sorrindo no inferno, Fleury e sua gangue nadando numa piscina de sangue. A imagem que os Racionais MC's pintaram de maneira tão vívida em "Diário de um detento" é tão grotesca quanto impossível de esquecer. A canção destrincha o dia a dia de um preso no sistema carcerário brasileiro, que pode ser o de um dia comum, de trabalho, sol e futebol, ou de um como o de 2 de outubro de 1992.

A vivaz descrição do cotidiano carcerário e o desfecho trágico do que é narrado, descrevendo o infame massacre, é uma composição de Mano Brown livremente inspirada no diário de Jocenir, ex-detento do presídio do Carandiru. Os primeiros cinco minutos são, basicamente, uma descrição do dia a dia no presídio e os três minutos finais, a descrição do massacre, logo após o que seria o refrão, sem vocal, dando espaço ao sample de guitarra de "Mother's Son", de Curtis Mayfield — participação mais que luxuosa na composição.

Jocenir já era famoso entre os internos pelos seus textos, que acabaram virando livro, com o mesmo título da música, assim que ele saiu da prisão. O detento, branco, de classe média, ganhou respeitabilidade naquele contexto escrevendo cartas para os detentos analfabetos, além, é claro, de dominar a arte do "proceder" naquele ambiente. Esta faixa, um dos momentos griôs[55] mais eloquentes da história deste país, representando e retratando como pensavam os presos vítimas do massacre (mortos, feridos ou não, todos os que sofreram com o massacre que matou 111 presos). A base da música, seca e tensa, transmite a tensão e claustrofobia de se viver em um cenário de regras não escritas, podendo inclusive ser julgado na rua 10, dentro do antigo pavilhão 9, pelos próprios pares.

Uma das músicas mais emblemáticas de todos os tempos, a qual teve o mérito de mudar o *modus operandi* de rádios e da MTV, abrindo espaço para uma faixa que extrapolava os três ou quatro minutos característicos da música pop, surpreende pela simplicidade de sua produção. A percussão marcante foi sampleada e ressaltada de "Easin' In", de Edwin Starr, no álbum *Hell Up in Harlem*, de 1973, que acentua a atmosfera sonora da canção. Edwin Starr foi uma das estrelas da gravadora Motown e, depois, vivendo na Inglaterra, ganhou fama no circuito do northern soul britânico. "Easin' In" é uma faixa menor em um álbum menor do artista, mas foi usada com intenções bem distintas por artistas gangsta rap estadunidenses (Ice-T, em 1988,

---

[55] Pessoa da comunidade que detém a memória do grupo e funciona como difusor de tradições.

e Snoop Dogg e Nate Dogg, em 1994). É curioso notar que a faixa "Crime Story", do rapper DMX, usa sample de "Easin' In" com o mesmo recorte e finalidade com que os Racionais usaram. Edwin Starr, vale lembrar, criou um hit que se tornou um marco histórico: a canção de protesto contra a Guerra do Vietnã, "War".

Tudo é memorável nesta faixa. Brown começa situando historicamente seu relato ("São Paulo, dia primeiro de outubro/ De mil novecentos e noventa e dois/ Oito horas da manhã") e depois crava um conjunto de seis versos que são um momento inigualável de canto sincopado, interpretação esmerada e de crônica que transporta o ouvinte diretamente para a ação descrita. Isso sem falar nas rimas, "caminhar" e "HK" é um feito que todo gangsta rapper deve invejar!

Aqui estou mais um dia
Sob olhar sanguinário do vigia
Você não sabe como é caminhar
Com a cabeça na mira de uma HK
Metralhadora alemã ou de Israel
Estraçalha ladrão que nem papel

A faixa consegue descrever em seus cinco minutos iniciais todo o "proceder" necessário à sobrevivência, cada um dos estágios desse inferno sintetizado (a vida no cárcere) e personaliza cada um dos sujeitos desse universo tão particular, o que me faz pensar que é o maior documento sobre o tema no Brasil. A sociedade que escapa a esse inferno participa da crônica, não sem uma carga irônica afiada em versos que merecem nossa observação:

Ratatatá, mais um metrô vai passar
Com gente de bem, apressada, católica
Lendo jornal, satisfeita, hipócrita
Com raiva por dentro, a caminho do centro
Olhando pra cá, curiosos, é lógico
Não, não é, não, não é o zoológico
Minha vida não tem tanto valor
Quanto seu celular, seu computador

Figuras de som, como assonância (a vogal "a" nos primeiros três versos, o "o" do quarto ao sexto), a repetição exaustiva em "ratatatá", dando ênfase aos versos subsequentes (usado novamente adiante), o "não" em cascata, abrindo alas para "zoológico", deixando claro o que aquela gente católica e hipócrita pensa (uma rima preciosa por apresentar nessa oposição toda uma visão de mundo), chegando à síntese absurda sobre o caráter mercantil das relações humanas ("minha vida não tem tanto valor/ Quanto seu celular, seu computador"). As cinco negativas nos versos finais enfatizam a posição do narrador quanto a esse estado de coisas.

A rapper Drik Barbosa, comentando este som, nos diz que "no rap a gente tem essa preocupação com a interpretação, o beat tem que combinar, te colocar nessa atmosfera também, e a voz do Brown já tem essa característica de tensionar e a interpretação é 'surreal'". Emicida, por sua vez, nos oferece um comentário que é perfeito não pelo que enuncia, mas pelo que deixa implícito: "Da mesma maneira que o rap consegue dizer pra você o que ele disse em 'Diário de um detento', eu acredito que o rap tem de conseguir dizer coisas como o que o Cartola disse em 'Alvorada no morro', sabe?." Ou seja, "Diário de um detento" é o oposto do lirismo clássico do sambista Cartola, ainda que tenham relações dialéticas evidentes, seja pelo tipo social que produziu ambas as canções — negros, periféricos e antenas da raça —, seja por exercer uma crônica sobre a vida dos que estão embaixo.

O verso "não confio na polícia raça do caralho", de "Homem na estrada" (1993), soava tão afrontoso — e causou tantos problemas ao grupo[56] — quanto os versos de "Fight the Power", de 1989, "Elvis was a hero to most/ But he never meant shit to me you see/ Straight up racist that sucker was/ Simple and plain/ Mother fuck him and John Wayne" [Elvis era um herói para a maioria/ Mas nunca significou merda nenhuma pra mim/ Perceba o racista que aquele otário era/ Simples e claro/ Filhos da puta, ele e John Wayne], do Public Enemy, nos Estados Unidos. E agora concluíam uma das músicas mais poderosas do último quarto de século assim: "o Robocop do governo é frio, não sente pena/ Só ódio e ri como uma hiena/ Ratatá, Fleury e sua gangue/ Vão nadar numa piscina de sangue". É brilhante, é sagaz, é uma cápsula única de crueldade a forma como Brown sintetiza a narrativa de forma rascante, usando atributos que o senso comum imputaria aos próprios presidiários. "Ninguém é inocente", diria o terrorista anarquista Ravachol na França no fim do século XIX, ao ser indagado em seu julgamento se era culpado ou inocente.

Um personagem de Franz Kafka, em sua novela *Na colônia penal*, quando encarcerado, vê-se obrigado a botar em suspen-

---

[56] Em 1998, indagado por que a polícia odiava tanto o grupo, diz: "Eu vejo a injustiça. Falo como vejo as coisas. A polícia é preconceituosa. [...] caras da nossa cor, falando gíria em cima de um som discriminado como o rap, irrita porque eles não esperavam [...] para os caras isso é uma conspiração dos pobres, dos presos, dos pretos, dos favelados" (*Caros Amigos,* nº 10, jan. 1998, p. 32).

so preceitos morais de justiça que o haviam guiado em sua vida pregressa, em liberdade: "De qualquer modo, dizia a si mesmo que estava em uma colônia penal, que medidas especiais se faziam necessárias e que era preciso seguir à risca os preceitos militares."[57] Mano Brown, nos cinco minutos iniciais da música, descreve com precisão e brilho inéditos as "medidas especiais" que um detento tem de assumir nesse mundo muito particular. São novas regras e a convivialidade é outra que não aquela da sociedade burguesa pós-colonial "da ponte pra lá". Eis o "proceder". Medidas que valem muito pouco, dado que os três minutos seguintes mostram como um massacre pelas forças repressivas do Estado é também uma possibilidade, no qual anulam-se todos os códigos previstos. Mas vou além, esse sentimento atroz que se apresenta nessa parte final espraia-se por todo o disco. O que quero dizer com isso? É simples.

Se nos cinco minutos iniciais Brown traz modelos de conduta para encarar o inferno do encarceramento e sobreviver — sendo assim um exemplo de conduta valorosa para além dos muros, em um mundo nem tão cruel —, nos três minutos posteriores mostra que, mesmo assim, pouco valor isso pode ter em relação à brutalidade do Estado — e seu braço repressivo. De todos os perigos da vida, exibidos em etapas e com nuances distintas no disco, o Estado é o mais fatal entre eles. "O ser humano é descartável no Brasil/ como modess usado ou bombril." E a pergunta da persona da canção reverbera ainda hoje: "Mas quem vai acreditar no meu depoimento?/ Dia três de outubro, diário de um detento." Vale lembrar que nenhum policial foi preso entre os envolvidos no massacre.

---

[57] Kafka, Franz. *Na colônia penal*. Porto Alegre: L&PM, 2014.

Faixa oito: Periferia é periferia (em qualquer lugar)
(Edi Rock)

Antes de qualquer coisa, esta música é uma verdadeira declaração de princípios no que tange à questão da raça, deixando clara a postura do grupo que adquiria novos contornos desde seu álbum anterior. Segundo o pesquisador Márcio Macedo, esta faixa reelabora representações do gueto estadunidense em termos de periferia, onde novos valores ampliaram a gama de subjetividades que antes se davam exclusivamente a partir da ideia de raça. Isso seria possível através de uma "marginalidade conectiva", conceito da antropóloga Halifu Osumare, que identifica quatro campos sociais que criam vínculos: rebeldia juvenil, opressão histórica, classe e cultura — e a faixa cantada por Edi Rock incorpora essa perspectiva de forma exemplar.

Primeira música no disco em tom de si (fora do diapasão, meio alto), inaugurando uma sequência de quatro músicas nesse tom, "Periferia é periferia (em qualquer lugar)" é um épico na voz e na caneta de Edi Rock. O sample usado no beat é de Curtis Mayfield, da música "Cannot Find a Way", do álbum *Got to Find a Way*, de 1974, do qual também tiraram a guitarra para "Diário de um detento" — o que deixa bem claro que a atmosfera aproveitada por um MC é continuada e expandida por outro.

A música, mais do que falar do lugar que o negro pobre ocupa fisicamente na sociedade (aqui, periferia, na faixa anterior, o presídio, e ainda seremos apresentados ao cemitério adiante), já inicia com dois versos ricos em rimas, aliteração e assonância que dão a dimensão do drama:

> Este lugar é um pesadelo periférico
> Fica no pico numérico de população

Na continuação desses versos, encaramos uma das facetas do "pesadelo": a dependência de cocaína e crack.

Mas a faixa continua com uma sequência de 11 versos que acentuam ainda mais a ideia de como o capital — ou melhor, a busca por dinheiro para a sobrevivência ou para sustentar vícios — é desintegrador nas periferias. Agora fala-se de um chefe de família sempre ausente, impossibilitado de exercer a autoridade familiar atrás de "uns reais a mais no salário/ Esmola de patrão, cuzão, milionário".

> Ser escravo do dinheiro é isso, fulano
> Trezentos e sessenta dias por ano sem plano
> Se a escravidão acabar pra você
> Vai viver de quem, vai viver de quê?
> O sistema manipula sem ninguém saber
> A lavagem cerebral te faz esquecer
> Que andar com as próprias pernas não é difícil
> Mais fácil se entregar, se omitir
> Nas ruas áridas da selva
> Eu já vi lágrimas demais
> O bastante pra um filme de guerra

Há uma ideia interessante nos quatro primeiros versos: o sistema trabalhista atual é a nova escravidão, no qual você trabalha o ano todo para garantir o mínimo para a sobrevivência e, para que não haja revoltas por melhores condições, existe "o sistema", essa engrenagem social que te manipula por meio de uma "lavagem cerebral" para te fazer esquecer que podemos ser senhores de nossos destinos. Uma situação que gera "lágrimas demais", o suficiente "pra um filme de guerra". Um regime de trabalho sem fim é a chave para manter a população periférica nos trilhos, evitando uma guerra que, de fato, já acontece. O que ele descreve ainda não era a uberização do trabalho que traveste a sordidez da precarização das relações trabalhistas em inócuo empreendedorismo.

Aqui vale fazer uma pequena digressão para falar um pouco mais de dois artistas politicamente conscientes do soul americano que marcam presença importante no disco: Curtis Mayfield e Isaac Hayes. Ambos tiveram pontos altos em suas carreiras com trilhas sonoras de filmes blaxploitation: *Superfly*, de Curtis Mayfield, e *Shaft*, de Isaac Hayes, dos filmes homônimos. A forma distinta como ambos retrataram o gueto em suas trilhas diz muito sobre a ideia do pastor-marginal que perpassa o disco, no que tange a ambivalências. A trilha sonora de Mayfield não rende homenagens a traficantes e cafetões, porém não nega que, de fato, essa glorificação ocorre nesse tipo de filme. Entretanto, a mensagem antidrogas (especificamente contra a cocaína) da trilha sonora é muito mais evidente do que no filme. Já a trilha de Isaac Hayes é uma exaltação literal aos anti-heróis do gueto, sem nuances. Penso que esses componentes com os quais os dois artistas soul trabalharam — consciência política, glorificação/negação da vida bandida e certo jogo de cintura, "proceder" — estão presentes neste álbum dos Racionais, com todas as tintas locais possíveis. Novamente, não há equívoco no uso dos samples aqui. Mesmo que a trilha usada como sample seja uma faixa menor de um álbum menor de Curtis Mayfield, é necessário ter em mente que esses componentes também eram compartilhados pelos membros do grupo.

E ainda há outra música de Curtis Mayfield que é utilizada de ponta a ponta, "Cannot Find a Way". Música que em 1992 foi exaustivamente sampleada nos Estados Unidos, sendo seu uso mais conhecido na faixa "I Ain't Nothing But a Dog", do rapper Too Short.

As colagens aqui colocam essa música em perspectiva cultural. Ela não só reafirma a força do rap nacional, como mostra que as periferias no Brasil têm muito mais em comum do que se supunha até então.

Os samples interessam pelos diálogos que são capazes de criar a partir do conteúdo, como acontece com o trecho da própria faixa de Edi Rock, "nossa raça está morrendo mais cedo", de "Por um triz" (álbum *Hip hop na veia*, de 1990), da dupla Thaíde & DJ Hum. Este não é o único sample da dupla nesta faixa, há ainda um de "Brava gente" (do álbum de mesmo nome, de 1992). E fica clara a homenagem à dupla que foi um espelho para os Racionais no início da carreira, e que haviam sampleado os Racionais em seu álbum de 1992, na faixa "Verdadeira história". Aliás, versos antológicos de Thaíde, como "Me atire uma pedra que eu lhe atiro uma granada/ Se tocar em minha face sua vida está selada", fatalmente moldaram a persona narrativa de Mano Brown em diversas fases e trabalhos.

O refrão é composto a partir de trechos de "Brasília periferia" (do álbum *Dia a dia na periferia*, de 1994), do GOG, e trechos de "Bem-vindo ao inferno" e "Cada um por si" (ambas do clássico

Bem-vindo ao inferno, de 1994), do Sistema Negro, e "Um dependente" (álbum *Só se não quiser ser*, de 1994), do MRN. Além desses, foram utilizados, ainda, samples de "Homem na estrada" e "Fim de semana no parque", dos próprios Racionais MC's.

GOG, o rapper de Brasília, é um dos maiores — talvez o maior — nome do rap político no país, dono de um vocabulário extenso e verdadeiro entendimento da realidade brasileira. Autor de alguns clássicos do rap nacional, apresenta um som que lida com o dia a dia da periferia da capital do país. Se os fãs de rap foram informados da existência do bairro do Capão Redondo pelos Racionais, com GOG (e também Câmbio Negro) conheceram a Ceilândia e outras cidades-satélites do Distrito Federal, muito antes dos filmes de Adirley Queiróz tornarem esses espaços icônicos. Representando as periferias de Campinas, Sistema Negro é um dos grupos com maior sintonia temática com os Racionais MC's daquele período, a encarnação arquetípica do gangsta rap brasileiro dos anos 1990. O MRN comparece com o trecho de uma faixa clássica que também trata do problema da dependência química e era, no rap paulistano de então, uma referência no rigor das composições. Um tanto esquecidos, permanecem reverberando Brasil afora com os dois samples usados aqui.

É nesta faixa onde o DJ KL Jay brilha e é possível entender quase didaticamente a mestria do DJ em seu *métier*. A mágica tão propalada na antepenúltima faixa acontece aqui — e uso a palavra "mágica" porque é um termo pertinente para se entender a arte de dominar *pickups*, segundo o próprio KL Jay: "Numa domingueira no Sideral eu vi o DJ mixando 'Martin Luther King', do Hurt-M-Badd, com outra e achei fantástico. Aquilo pra mim era mágica. Sei lá, eu vejo Romário jogar, o Robinho... aquilo é mágica também!"

Aqui, vale salientar que, ao contrário do que muita gente ainda hoje acredita, a concepção musical de cada faixa fica a cargo de quem canta, ou seja, Brown e Edi Rock são os estetas de suas faixas. Pensando no papel de cada um, para que se torne mais claro, há uma fala emblemática de Edi Rock:

> O KL Jay vem com a sonoridade, ele é o maestro. O Brown vem com o comando, com a emoção, ele dá a rajada, atira sem pensar. O Ice Blue vem com o pânico na voz, a agonia na interpretação que é natural para ele, que tem uma voz aguda. Eu sou a razão.

O DJ Nato PK explica da seguinte forma a participação de KL Jay: "Um ponto importante pra mim, além de todo o conteúdo dessa obra, foi o emprego do KL Jay nos *scratches* com frases, ele era mais um rimando, mas com os toca-discos (a música 'Periferia é periferia' não me deixa mentir)."

Faixa nove: Qual mentira vou acreditar
(Mano Brown e Edi Rock)

Com seu instrumental dançante, próximo ao G-funk de Dr. Dre e com letra mais descontraída, "Qual mentira vou acreditar" é uma espécie de respiro dentro do grupo das 12 faixas. Trazendo diversas menções às abordagens policiais tão presentes na vida de um jovem negro, Edi Rock narra os passos de um personagem na missão de encontrar diversão noite adentro e tudo que se passa nessa busca. Agora, é claro, há percalços e agentes do inferno, a saber: a polícia, mulheres e traficantes. O personagem encarnado por Ice Blue resume a equação:

A noite tá boa, a noite tá de barato
Mas puta, gambé, pilantra é mato

A mulher retratada na faixa, ainda que fosse uma "vaca nazista", como se refere Blue quando a mulher se mostra classista e racista, não é exatamente uma puta no sentido de prostituta, de trabalhadora do sexo. Como já foi dito antes, o tom é extremamente misógino. Enquanto Mano Brown, fazendo um retrospecto das vezes que as composições do grupo literalmente diminuíram e objetificaram as mulheres, tenta justificar como este sendo um dado civilizacional nosso, dizendo que "o Brasil é machista, e o rap é o retrato do Brasil. Feito para o brasileiro, certo? Machista. Ponto." Paul Gilroy explica essa questão de maneira a universalizar essa tendência no hip hop:

> A representação conflituosa da sexualidade tem rivalizado com o discurso da emancipação racial na constituição do núcleo central das culturas expressivas negras. [...] Ela pode ser facilmente observada no conflito acirrado do tom misógino e da tendência masculinista do hip hop.[58]

Esta faixa explicita, na prática, o que chamamos até aqui de "proceder", essa verdadeira Arte de Viver ("tem que saber curtir, tem que saber lidar") em tempos necropolíticos. O grande MC cearense Nego Gallo, ex-Costa a Costa, certamente entendeu isso, quando diz que "'Qual mentira vou acreditar' [...] dava muitas indicações a um jovem negro de como as coisas aconteciam. Era uma outra forma de se falar."

A forma dialógica como é escrita, como se fosse uma troca de mensagens entre Blue e Edi Rock, é um momento onde podem exercitar plenamente o desenvolvimento de suas personas, dando mais estofo e profundidade. Quando o assunto são as tentações da sobrevivência no inferno, a voz da urgência (Blue) e a da razão (Rock) são aliadas, não há ruído de comunicação. Outro ponto passível de especulação e pesquisa é quanto ao tom bem-humorado da última parte da faixa que influenciou a contação de história no gênero. E ainda, como humoristas atuais, como Thiago Ventura ou Gui Preto, por exem-

---

[58] Gilroy, Paul. O *Atlântico negro: Modernidade e dupla consciência*. São Paulo/Rio de Janeiro: Ed. 34/Universidade Candido Mendes, Centro de Estudos Afro-Asiáticos, 2001.

plo, desenvolvem certa ambiência na contação de história em seus *stand ups*.

A faixa tem um jeito engenhoso de nos informar sobre a paisagem sonora contemporânea, colocando duas músicas que tocaram à exaustão — uma em *dial* popular e a outra nas rádios pop-rock — no ano anterior ao lançamento do disco. São os samples de "Chegou a hora", do Boi Garantido, e "Vem quente que eu estou fervendo", do Barão Vermelho. A base, cheia de swing malandro, é sample de "Hip Dip Skippedabeat" (álbum *Juicy Fruit*, de 1983), do clássico grupo de soul/funk/r&b Mtume. Há ainda o sample de "Esquinas", do Djavan, com o verso "Me chamar de meu preto e me cantar Djavan". É curioso notar que o sample de Mtume foi usado exatamente como fez o grupo Câmbio Negro, na faixa "Bala perdida", do seu marcante álbum *Sub raça*, de 1993, o qual fez muito barulho no período — assim como o *Raio X do Brasil*, dos Racionais MC's, lançado no mesmo ano. Além da diferença de qualidade entre o *flow* dos MC's dos Racionais e X, MC do Câmbio Negro, a forma dialógica como escreveram a canção aproveita mais o balanço natural da base e, no caso do Câmbio Negro, a narrativa é mais dura, criando quase um embate entre a voz e a base.

Faixa dez: Mágico de Oz
(Edi Rock)

O melhor relato sobre a vida de usuários de drogas pesadas em um gênero que oferece centenas de relatos desse tipo. O som trata do cotidiano precário da periferia, o abandono social e familiar que os usuários sofrem. Fazendo referência a uma fantasia — o mundo mágico de Oz —, Edi Rock constrói uma narrativa cheia de questionamentos sobre a própria fé — um dos fundamentos do "proceder" para sobreviver ao inferno.

Em seis versos impactantes, o MC consegue colocar a perspectiva de vida, as motivações e a lógica inerente ao porquê de muitos caírem na cilada das drogas pesadas:

> Moleque novo que não passa dos doze
> Já viu, viveu, mais que muito homem de hoje
> Vira a esquina e para em frente a uma vitrine
> Se vê, se imagina na vida do crime
> Dizem que quem quer segue o caminho certo
> Ele se espelha em quem tá mais perto

Repito: Quem precisa de sociologia e que tais quando se tem Racionais para decodificar o mundo? A falta de horizontes, o aprendizado prático da vida vivida em alta intensidade, a tentação do consumo, um horizonte fácil e perigoso é a razão da opção de muitos pelo crime. A saída ("Se eu fosse mágico?/ Não existia droga, nem fome e nem polícia") em um mundo sem perspectivas só pode ser mágica, de fato. Ou religiosa. Se a música nos apresenta a complexidade do problema das drogas pesadas em contexto de pobreza absoluta, ainda que questione a própria fé através de toda a música, acaba repetindo "Eu tenho fé" quatro vezes. Reafirmação da fé ou tentativa do narrador de autoconvencimento? Mais uma das ambivalências deste disco.

"Mágico de Oz", de Edi Rock, e "Fórmula mágica da paz", de Mano Brown, trabalham em chave parecida: elencam versos descritivos duros, expressam dúvidas sobre a fé, a qual eles mesmo elencam como fator importante para a sobrevivência, e depois a mudança, a transformação social, aparece como elemento mágico, para além de uma racionalidade operante. "Mágico de Oz" trata da dificuldade de um menor de idade envolvido com drogas, que apela à fé para tentar se salvar, como sinaliza o refrão "queria que Deus ouvisse minha voz/ em um mundo mágico de Oz". "Fórmula mágica da paz" lida com a vida de um anônimo sem perspectiva na periferia, mas que não deixa de buscar alguma solução para sua condição.

Como em outros momentos na obra, o MC faz um aparte e se dirige diretamente a seus iguais:

> Ei mano, será que ele terá uma chance?
> Quem vive nessa porra merece uma revanche
> É um dom que você tem de viver
> É um dom que você recebe pra sobreviver

Ao contrário da maior parte da sociedade, que vira a cara para o problema, o MC conclama seus iguais para a compreensão, para a superação. É novamente um momento de "o hip hop salvou minha vida", como diz a famosa estampa de camiseta. As reflexões de Edi Rock sempre têm endereço certo, não há diletantismo possível, sempre buscam o engajamento.

Podemos analisar ainda a intertextualidade. Estamos falando de um texto que descreve o único caminho possível para uma garota, Dorothy, voltar para casa pela estrada de tijolos amarelos. Relatando a experiência de uma criança viciada, o rapper aponta para um dos caminhos que um menor em situação de vulnerabilidade social encontra sentido para sua vida: o das drogas, por mais chocante que isso possa parecer. A Terra de Oz serviu como *locus* para uma série de livros do escritor estadunidense L. Frank Baum, mas, evidentemente, Edi Rock dialoga com alguma das versões para o cinema, provavelmente o clássico musical "O mágico de Oz" (1939), de Victor Fleming, com Judy Garland no papel de Dorothy.

Vale lembrar que os pesquisadores da Universidade de Turim, em 2018, após pesquisa com 47 mil filmes, consideraram que este seria o filme mais influente do mundo, influenciando um sem-fim de novos filmes e "spin offs" (derivados da história original). Há ainda a questão de como certas características humanas são apresentadas no filme, na figura do Leão medroso e do Homem de Lata que quer ter sentimentos. Há uma analogia interessante sobre o contraditório dessas situações e a psique tortuosa de um usuário de drogas. Foi uma percepção bastante original de Edi Rock conseguir transpor um livro infantil (posteriormente adaptado para musical hollywoodiano) para dentro de um álbum de rap acintosamente sisudo e pesado.

A crônica poderosa de Edi Rock em uma faixa de quase oito minutos relatando a invisibilidade dos usuários de drogas pesadas — com ênfase para o crack — tem a base instrumental sampleada, com a velocidade bem alterada, de "It's Too Late" (lado B do álbum *Brother, Brother, Brother*, de 1972), uma jornada soul-rock de dez minutos dos Isley Brothers, melancólico relato de uma história de amor que se encerra. A força do sample é ressaltada na faixa com *vocalises* e refrão típicos da música gospel estadunidense. Aqui, novamente KL Jay surge como um MC das *pickups*, utilizando um trecho de "Homem na estrada".

Faixa onze: Fórmula mágica da paz
(Mano Brown)

A travessia ao inferno vai chegando ao fim, com uma faixa de mais de dez minutos que sempre teve um lugar especial no coração dos fãs. Afinal, é bom que se diga: esta é uma das melhores letras do grupo, um ponto luminoso do rap nacional. Família, fé, violência, moradia, a luta diária pela subsistência, drogas, a "quebrada" em todo seu esplendor, entrecortada por um diálogo interior de Mano Brown de alta ressonância com o ouvinte.

A cena se passa toda a partir do Capão Redondo, o hoje lendário bairro na extrema zona sul de São Paulo. É ali que fica o cemitério São Luís, que fecha a tríade com periferia e prisão dos locais destinados à população pobre e negra no país.

> Dois de Novembro, era Finados
> Eu parei em frente ao São Luís do outro lado
> E durante uma meia hora olhei um por um
> E o que todas as senhoras tinham em comum?
> A roupa humilde, a pele escura
> O rosto abatido pela vida dura
> Colocando flores sobre a sepultura
> Podia ser a minha mãe. Que loucura

Brown se retira da cena, deixando-a sob escrutínio de uma voz exterior, reflexiva que, ao dizer que podia ser a mãe dele chorando a morte de alguém, este "alguém" só pode ser o próprio Brown. Uma sutileza na narração que faz com que cada ouvinte veja a própria mãe na cena e alcance a reflexão proposta por Brown. Assim, a conscientização nesta faixa aparece em chave muito original, de forma não usual, e elimina o apelo direto ao ouvinte tal qual acontece nas outras faixas. O último momento de Brown no disco é reflexivo, apresentando o desfecho da necropolítica e a "loucura" desse trauma enorme para quem fica. Mas há muito amor nas brechas deste *grand finale*.

Caralho, que calor, que horas são?
Dá pra ouvir a pivetada gritando lá fora
Hoje acordei cedo pra ver
Sentir a brisa da manhã e o sol nascer
É época de pipa, o céu tá cheio
Quinze anos atrás eu tava ali no meio

Maria Rita Kehl explica da seguinte forma esse naco de lirismo em um álbum tão duro:

Enquanto isso, alguns raros momentos de contemplação são contrabandeados pelas brechas de uma vida que não oferece nada de graça. Acordar cedo, sentir a brisa, ver o sol nascer. O céu está cheio de pipas: como uma madeleine dos pobres, a visão dos quadradinhos coloridos lá no alto evoca a infância, o tempo perdido, a inocência que ficou para trás.

Se há luminosidade neste disco, ela está de fato condensada nesta faixa — uma janela prenhe de luz solar diretamente conectada ao coração do ouvinte. O espaço de otimismo, da esperança, o abraço sonoro da obra vencendo a dureza do real, essa perspectiva não pode nunca sair do horizonte. O próprio grupo realça essa chave ao usar a faixa "Be Alright", da Zapp Band, de 1981, produção que exala a positividade de Roger Troutman e Bootsy Collins, com versos lindos como "We can be together through love and shelter/ Our very last dime or last meal or last sip of wine" [Podemos estar juntos através do amor e do abrigo/ Nosso último centavo ou última refeição ou último gole de vinho], que culminam no refrão "Alright/ It's gonna be alright" [Tudo bem/ Vai ficar tudo bem]. E vale dizer que a Zapp Band é um dos grupos mais sampleados pelo G-funk — um tipo de rap que emergiu do gangsta rap na Costa Oeste dos Estados Unidos no início da década de 1990 — do Dr. Dre e associados.

Em paralelo a essa constatação, podemos apontar, acirrando o paradoxo da obra como um todo, os primeiros versos de "Fórmula mágica da paz", uma conclusão da reflexão profunda de Brown nesse momento do álbum, um arroubo de escapismo dada a inevitabilidade da situação para indivíduos como o próprio rapper, uma confissão que aparece quase como um lamento:

Essa porra é um campo minado
Quantas vezes eu pensei em me jogar daqui?

Essa verborragia, quase uma logorreia, é marcada desde o díptico de versos iniciais por interrogações (16, no total) que são convites à reflexão para os iguais — afinal, que morador de periferia, dados a violência e o descaso do Estado, já não pensou em como seria sua vida e a dos seus em um lugar melhor?

Das 16 reflexões propostas, a primeira é a única que lida com condições materiais de vida e é justamente esta que encontra a única resposta oferecida pelo rapper:

> Mas aí, minha área é tudo que eu tenho
> A minha vida é aqui e eu não consigo sair
> É muito fácil fugir, mas eu não vou

O som é uma viagem na subjetividade de um indivíduo em choque, mais uma vítima do trauma do racismo e da classe — uma voz que fala junto com toda a periferia, uma voz DA periferia. A angústia e a dor de Brown é compartilhada por todo um rol de pessoas que estão submetidas à privação, ao racismo sistemático, a todos os sofrimentos da vida vivida no andar de baixo. Como o rapper diz, corroborando a ideia de compartilhamento, "Eu sei como é que é/ é foda parceiro/ é, a maldade na cabeça o dia inteiro".

A reflexão de Brown vai se eletrificando e ele começa a chegar a questões difíceis, que sua racionalidade já não dá mais conta. O discurso oscila, nada mais é tão certo, o homem duro do gueto perde algumas certezas e a sua ideologia fica abalada.

> Porra, eu tô confuso, preciso pensar
> Me dá um tempo pra eu raciocinar
> Eu já não sei distinguir quem tá errado, sei lá
> Minha ideologia enfraqueceu
> Preto, branco, polícia, ladrão ou eu
> Quem é mais filha da puta, eu não sei
> Aí fodeu, fodeu
> Decepção essas hora
> A depressão quer me pegar, vou sair fora

É uma dessas músicas que ganharam o gosto popular e entraram para o repertório das rodas de violão (dê uma olhada no YouTube, por exemplo), com alguns trechos inclusive tocados em apresentações ao vivo da Pitty.

Há ainda o sample de "Attitudes", do álbum *Flying High on Your Love*, de 1977, do Bar-Kays, histórico combo do r&b/soul. "Your attitude is what describes you" [Sua atitude é o que descreve você] é o primeiro verso musicado da música do Bar-Keys e expressa bem o sentimento recorrente em *Sobrevivendo no inferno* e, em especial, em "Fórmula mágica da paz". Bar-Kays tem uma história com a cultura hip hop: a música "Freakshow on the Dance Floor" do grupo aparece na primeira cena do filme *Breaking*, de 1984 — um clássico para os b-boys de todo o mundo, e um dos grandes sucessos da primeira fase do rap, "Rapper's delight", de Sugar Hill Gang, de 1979. "Attitudes" foi sampleada por diversos grupos de menor expressão do rap estadunidense nos anos 1990 e 2000, além de usada também na faixa *drum'n bass* "Rotation", do DJ Marky (2003), músico negro paulistano da zona leste da capital, que deve partilhar com os Racionais a memória sentimental desse som.

No ano de 1997, a cidade de São Paulo apontava uma alarmante taxa de homicídios, mesmo ano em que Brown compôs os versos "Descanse o seu gatilho/ entre no trem da malandragem, meu rap é o trilho". O rapper indicava um caminho para a sobrevivência: "Faça arte, faça rap". O sociólogo Tiaraju D'Andrea observou esta característica de Brown nos seguintes termos:

> Entre as possibilidades ofertadas pelo trabalho capitalista ou por atividades ilícitas, foi sendo criada uma terceira possibilidade: produzir arte que, além de pacificar a quebrada, poderia auxiliar na

sobrevivência material. Os Racionais souberam ler esse processo social que os circundava e ser um de seus principais indutores.

Djamila Ribeiro, no entanto, mostra uma compreensão que encontra mais sintonia com a nossa proposição, no sentido de que a música é portadora de alguma ironia, ainda que possa ser involuntária: "Como a gente pede paz em uma realidade de guerra civil não declarada no Brasil? É preciso antes de a gente ter paz assumir que estamos em guerra."

Depois da parte final com sabores gospel, ao falar sobre procurar a fórmula mágica da paz, Mano Brown finaliza com:

> Você pode encontrar a sua paz, o seu paraíso
> Você pode encontrar o seu inferno
> Eu prefiro paz

Faixa doze: Salve

(Mano Brown e Ice Blue)

A última faixa, vista com frequência como o momento para mandar lembranças aos seus, é uma formalidade que foi cristalizada no rap estadunidense em certo período. Aqui, os Racionais mostram mais um tanto de sua genialidade ao escolher a mesma atmosfera sonora do início da saga, o baixo de lamento, o mesmo sample de Isaac Hayes para conseguir dar uma nota final com clima triunfante.

Ecio Salles, em um ótimo artigo, "A narrativa insurgente do rap", nos explica que,

> no disco *Sobrevivendo no inferno*, a faixa "Salve" mostra o ponto de vista do Racionais MC's. Indica os bairros que — partindo das favelas da zona sul de São Paulo para as outras zonas da cidade, e depois ao grande ABC, para chegar às favelas do Rio de Janeiro, Rio Grande do Sul, Santos, Belo Horizonte e cidades-satélites pobres do Distrito Federal — delimitam as fronteiras da nação dos rappers.

Ecio Salles cita Caio B. de Mello, o qual, em seu trabalho, teria notado que, com a faixa final, o grupo "ao descer ao inferno sobe às alturas de onde se pode alçar o golpe de vista da totalidade da experiência social, que não é bela". E Mello ainda traça uma relação desta faixa com os versos "Jorge sentou praça na cavalaria/ eu estou feliz porque eu também sou da sua companhia", da composição de Jorge Ben. Segundo Ecio Salles,

> essa composição, diz-nos Mello, anuncia a formação de um núcleo de resistência, um exército das pessoas ameaçadas da periferia: "Uma companhia, enfim, na dupla acepção da palavra: companhia como subdivisão de batalhão do exército da periferia e companhia como ato voluntário."

Perceba, a "Fórmula mágica da paz" encontrou sucesso, apesar de todas as narrativas tristes — há muito mais vítimas do que vitoriosos na travessia do inferno racista e classista — ou, ao menos aqui, através da magia possível na arte, assim fica parecendo. O exército da periferia, os mais de 50 mil manos, teria vencido as forças diabólicas. Ou: se não as venceram, ao menos a guerra está em andamento e a "companhia" segue com moral elevado.

É possível desfecho melhor em tal obra?

PAPO RETO FINAL

O filósofo chinês Lu Xun disse que "a primeira pessoa que experimentou caranguejo deve ter provado uma aranha também, mas percebeu que não era boa de comer". Espero ter entregado um caranguejo ao leitor.

Escrever este livro foi uma tarefa complicada. Dois espectros me rondavam: primeiro, as vozes de Brown e Edi Rock, vez por outra, me questionavam em sonhos e pesadelos e, segundo, por saber que este seria um trabalho muito julgado e comentado, dado que os Racionais são um pouco de cada periferia do país. Fiz questão de seguir pique *ronin* me embrenhando nesse disco que marcou minha juventude e hoje soa ainda mais pesado. Tempos estranhos ecoam mais forte o disco.

Conviver com este álbum quase que diariamente e viver em um país que reproduz, em uma velocidade de linha de montagem industrial, a violenta exclusão de milhares de jovens e crianças que, apesar dos discursos neoliberais que enfatizam a competência e o esforço individual, não encontram nenhuma oportunidade de sair da marginalização em que vivem, não é uma experiência fácil.

Espero, ainda, que minha tentativa de trazer a maior diversidade possível de vozes para tratar de um trabalho que fala por milhares de pessoas tenha funcionado. E que tenha fugido de uma armadilha apontada por Bernardo Oliveira em seu twitter-experiência (@entrecritica, dia 4/7/2019) sobre a relação de intelectuais brancos com o samba, que residiria em um contraste que "traz algumas questões que indicam uma situação inextricavelmente ligada às relações escravocratas, i.e., às acomodações políticas das relações e expressões raciais no país. O negro produz, ao passo que o branco determina os sentidos a sua revelia".

Por fim, recomendo vivamente o incrível dossiê jornalístico, magistralmente nomeado de "Negro drama — Um panorama do racismo no Brasil", realizado pelos jornalistas Giorgia Cavicchioli, Juca Guimarães e Peu Araújo, no qual entrevistaram 28 pessoas, entre personalidades e especialistas, e se debruçaram em 22 fontes de pesquisa para discutir a situação da população negra no país. Uma homenagem aos Racionais MC's e um documento de realidade para pensarmos o Brasil hoje: https://tinyurl.com/negrodramareportagem.

Discos e vídeos

Álbuns

Racionais MC's. *Raio X do Brasil*. São Paulo: Zimbabwe, 1993.
Racionais MC's. *Sobrevivendo no inferno*. São Paulo: Cosa Nostra, 1997.
Racionais MC's. *Nada como um dia após outro dia*. São Paulo: Cosa Nostra, 2002.
Racionais MC's. *Cores e valores*. São Paulo: Cosa Nostra/Boogie Naipe, 2014.

EPs

Racionais MC's. *Holocausto urbano*. São Paulo: Zimbabwe, 1990.
Racionais MC's. *Escolha seu caminho*. São Paulo: Zimbabwe, 1992.

Coletâneas

Consciência Black, vol. I, 1988.
Racionais MC's. São Paulo: Zimbabwe, 1994.
Coletânea 25 anos. São Paulo: Zimbabwe, 2014.

Álbuns ao vivo

Ao vivo. São Paulo: Cosa Nostra, 2001.
1000 trutas, 1000 tretas. São Paulo: Cosa Nostra, 2006.

DVD

1000 trutas, 1000 tretas. São Paulo: Cosa Nostra, 2006.

Clipes

Tempos difíceis, 1990.
Diário de um detento (Direção: Maurício Eça e Marcelo Corpanni), 1998.
Mágico de Oz (Direção: Maurício Eça), 1998.
Vida loka II (Direção: Katia Lund), 2004.
Mil faces de um homem leal (Marighella) (Direção: Daniel Grinspum), 2012.
Mente do vilão (Direção: Felipe Briso), 2012.
Um preto zica (Direção: KondZilla), 2016.

Referências bibliográficas

Almeida, Hudson. "O zen do Rap". Revista *Inked*, nº 12, jun. 2012.

Alves, César. "Cultura Racional". *Pergunte a quem conhece: Thaíde*. São Paulo: Labortexto Editorial, 2004.

Alves, Claudia. "Vai ter Racionais na universidade, sim! Entrevista com Alan Osmo". Ver: https://www.blogs.unicamp.br/marcapaginas/2018/06/11/vai-ter-racionais-na-universidade-sim-entrevista-com-alan-osmo/.

Araújo, Peu; Cavalcanti, Amanda. "Há duas décadas, o Racionais uniu todas as quebradas com *Sobrevivendo no inferno*". *Vice*, 20/12/2017. Ver: https://www.vice.com/pt_br/article/vbyd4j/sobrevivendo-no-inferno-20-anos-racionais-mcs-depoimentos.

Andrade, Elaine Nunes de. *Movimento negro juvenil: Um estudo de caso sobre os jovens rappers de São Bernardo do Campo*. Dissertação de mestrado. São Paulo: USP, 1996.

Bosco, Francisco. "A voz e a música do Racionais". *Cult*, nº 192, jul. 2014.

Braz, Endrigo Chiri. "Mano Brown: eu questiono porque não basta ser". *Cult*, nº 192, jul. 2014.

Brown, Mano. "Revolução". *Trip*, nº 38, jan. 1995.

_____. "Eu não sou artista. Artista faz arte, eu faço arma. Sou terrorista". *Jornal da Tarde* (5/8/1998).

Buzo, Alessandro. *Hip-hop: Dentro do Movimento*. Rio de Janeiro: Aeroplano, 2010.

Capilé, André. *Muimbu*. Juiz de Fora: Edições Macondo, 2018.

Carino, Giselle; Diniz, Debora. "A necropolítica como regime de governo". *El País*. Ver: https://brasil.elpais.com/brasil/2019/07/09/opinion/1562688743_395031.html.

Caramante, André. "Eminência parda". *Rolling Stone*, nº 39, dez. 2009.

_____. "Quatro pretos mais perigosos do Brasil". *Rolling Stone*, nº 86, nov. 2013.

Carvalho, Igor; Rovai, Renato. "Emicida: 'A melhor música do mundo é o samba'". *Fórum*, nº 123, jun. 2013.

Carvalho, Luiz Maklouf. "O bagulho é doido, tá ligado?". *piauí*, nº 10, jul. 2007.

Carneiro, Aparecida Sueli. "A construção do Outro como não-ser como fundamento do ser". Tese de doutorado. Feusp, 2005.

Coelho, Frederico. *Lado B, Lado A: O Rappa (1999)*. Rio de Janeiro: Cobogó, 2014.

Contier, Arnaldo Daraya. *O rap brasileiro e os Racionais MC's. Simpósio Internacional do Adolescente*. São Paulo, 2005. Ver: http://www.proceedings.scielo.br/scielo.php?script=sci_arttext&pid=MSC0000000082005000100010&lng=en&nrm=abn. Acesso em: 11/3/2019.

Dantas, Luis Thiago Freire. "Filosofia desde África: Perspectivas descoloniais". Tese de doutorado em filosofia, UFPR, 2018.

Eble, Laeticia Jensen. "'A responsa de mudar o mundo com a ponta de uma caneta': Considerações sobre o rap nacional". *Revista Brasileira de Estudos da Canção*, nº 4, jul./dez. 2013.

Fanon, Frantz. *Pele negra, máscaras brancas*. Salvador: Edufba, 2008.

_____. *Os condenados da terra*. Juiz de Fora: Ed. UFJF, 2013.

Faustino, Deiveson Mendes. *Frantz Fanon: Um revolucionário particularmente negro*. São Paulo: Ciclo Contínuo Editorial, 2018.

Freud, Sigmund. *Inibição, sintoma e angústia, o futuro de uma ilusão e outros textos (1926-1929)*. Obras completas, vol. 17. São Paulo: Companhia das Letras.

Gancia, Barbara. "Cultura de bacilos". *Folha de S. Paulo*, Caderno Cotidiano, 16/3/2007.

Gregório, Rafael. "Obra-prima dos Racionais MC's, Sobrevivendo no inferno vira livro após ser exigido em vestibular". Ver: https://www1.folha.uol.com.br/ilustrada/2018/11/obra-prima-dos-racionais-mcs-sobrevivendo-no-inferno-vira-livro-apos-ser-exigido-em-vestibular.shtml.

Garcia, Walter. "Sobre uma cena de 'Fim de semana no parque', do Racionais MC's". *Estudos Avançados* 25 (71), USP, 2011.

Gilroy, Paul. *O Atlântico negro: Modernidade e dupla consciência*. São Paulo/Rio de Janeiro: Ed. 34; Universidade Candido Mendes, Centro de Estudos Afro-Asiáticos, 2001.

_____. *Small Acts — Thoughts on the Politics of Black Cultures*. Londres: Serpent's Tail, 1994.

hooks, bell. *Ensinando a transgredir: A educação como prática da liberdade*. 2ª ed. São Paulo: Editora WMF Martins Fontes, 2017.

_____. *Olhares negros: Raça e representação*. São Paulo: Elefante, 2019.

Julião, Luanda. "*Sobrevivendo no inferno* é uma aula de história, política, racismo e luta por direitos". Ver: http://www.justificando.com/2018/05/28/sobrevivendo-no-inferno-e-uma-aula-de-historia-politica-racismo-e-luta-por-direitos/.

Kalili, Sergio. "Mano Brown é um fenômeno". *Caros Amigos*, jan. 1998.

Kehl, Maria Rita. "As fratrias órfãs". Mimeo. Ver: https://rhistoriadora.files.wordpress.com/2015/05/orfc3a3os.pdf. Acesso em: 19/4/2019.

_____. *O tempo e o cão: A atualidade das depressões*. São Paulo: Boitempo, 2009.

Kilomba, Grada. (2016a). "A máscara". *Cadernos de Literatura em Tradução*, nº 16.

Kowarick, Lúcio; Frúgoli Jr., Heitor (orgs.). *Pluralidade urbana em São Paulo: Vulnerabilidade, marginalidade, ativismos sociais*. São Paulo: Editora 34, 2016.

Lacerda, Marcos. "A forma e a invenção poética da canção de Mano Brown". *Revista Z Cultural*. Programa Avançado de Cultura Contemporânea, UFRJ, 2º semestre, 2018.

Lichote, Leonardo. "Negro drama". *Cult*, nº 192, jul. 2014.

Macedo, Márcio. "Hip-Hop SP: Transformações entre uma cultura de rua, negra e periférica (1983-2013)". Em Kowarick, Lúcio; Frúgoli Jr., Heitor (orgs.). *Pluralidade urbana em São Paulo: Vulnerabilidade, marginalidade, ativismos sociais*. São Paulo: Editora 34, 2016.

Maleronka, André. "Seja como é". *+Soma*, nº 13, set. 2009.

Martins, Sérgio. "Invadindo os espaços". *Caros Amigos — Especial Hip Hop*, set. 1998.

Masuela, Amanda; Homsi, Patrícia. "A liberdade criativa de KL Jay". *Cult*, nº 192, jul. 2014.

_____; _____. "A estrutura da evolução de Ice Blue". *Cult*, nº 192, jul. 2014.

Monteiro, Erich. "Racionais MC's: Sobrevivendo com o sucesso". *Rock Press*, nº 14, jun. 1998.

_____. "Cinco minutos Racionais". *Rock Press*, nº 14, jun. 1998.

MV Bill. "Entrevista explosiva — MV Bill". *Caros Amigos*, nº 99, jun. 2005.

Mbembe, Achille. *Políticas da inimizade*. Lisboa: Antígona Editores Refratários, 2017.

_____. *Necropolítica*. São Paulo: N-1 edições, 2018.

Moreira, Rômulo de Andrade. "A 'necropolítica' e o Brasil de ontem e de hoje". Ver: http://www.justificando.com/2019/01/08/a-necropolitica-e-o-brasil-de-ontem-e-de-hoje/. Acesso em: 22/5/2019.

Moreno, Maria Manuela Assunção; Junior, Nelson Ernesto Coelho. "Trauma: O avesso da memória". *Ágora*, v. XV, nº 1, jan./jun. 2012.

Munanga, Kabengele. *Negritude: Usos e sentidos*. Belo Horizonte: Autêntica, 3ª ed., 2012.

Oliveira, Acauam Silvério de. "O Evangelho marginal dos Racionais MC's". *Racionais MC's — Sobrevivendo no inferno*. São Paulo: Companhia das Letras, 2019.

Paiva, Fred Melo. "O homem na estrada". *Trip*, nº 72, dez. 1998.

Pereira Jr., Álvaro. "Mano Brown manda sequestrar Ronaldinho". *Folha de S.Paulo*, Folhateen, 20/9/1998.

Pimentel, Spensy. "Mano Brown". *Teoria e Debate*, nº 46, 2000.

Nestrovski, Arthur (org.). *Música Popular Brasileira Hoje*. São Paulo: Publifolha, 2002.

Racionais MC's. *Sobrevivendo no inferno*. São Paulo: Companhia das Letras, 2018.

Ramos, Arthur. "O negro brasileiro: Etnografia religiosa e psicanálise". *Revista Latinoamericana de Psicopatologia Fundamental*, vol. 10, nº 4, dez. 2007.

Rocha, Camilo. "Baco Exu do Blues: O racismo deixa a saúde mental instável". Ver: https://www.nexojornal.com.br/entrevista/2018/12/26/Baco-Exu-do-Blues-%E2%80%98O-racismo-deixa-a-sa%C3%BA-de-mental-inst%C3%A1vel%E2%80%99.

Rose, Tricia. *Black Noise: Rap music and black culture in contemporary America*. Wesleyan University Press, 1994.

Salles, Ecio. "A narrativa insurgente do hip-hop". *Estudos de Literatura Brasileira Contemporânea*, nº 24, jul./dez. 2004.

_____. *Poesia revoltada*. Rio de Janeiro: Aeroplano, 2007.

_____. "Racionais MC's: Sublime escravo à beira do caos". *Cult*, nº 192, jul. 2014.

Silva, Fernando de Barros e. "A canção, o rap, Tom e Cuba, segundo Chico". Ilustrada, *Folha de S. Paulo*, 26/12/2004.

Schwarcz, Lilia Moritz. *Sobre o autoritarismo brasileiro*. São Paulo: Companhia das Letras, 2019.

Teperman, Ricardo. *Se liga no som: As transformações do rap no Brasil*. São Paulo: Claro Enigma, 2015.

Toni C. "Mano Brown: Mil faces de um homem leal". *Revista Rap Nacional*, nº 6, out. 2012.

Vários (depoimentos). "Acompanhados pela música". *Cult*, nº 192, jul. 2014.

Veloso, Caetano. Segundo Caderno, *O Globo*, 29/4/2012.

_____. "Sobrevivendo no inferno". Segundo Caderno, *O Globo*, 29/4/2012.

Ventura, Zuenir. "O som que vem do andar de baixo". *Jornal do Brasil*, 19/12/1998.

Verger, Pierre Fatumbi. *Lendas africanas dos orixás*. Salvador: Fundação Pierre Verger & Carybe e Corrupio Edições e Promoções Culturais, 4ª ed., 1997.

Xexéo, Artur. "Os Racionais arrombaram a festa da MTV". *Jornal do Brasil*, 16/8/1998.

Winnicott, Donald W. *Da pediatria à psicanálise*. São Paulo: Imago, 2000.

_____. *Explorações psicanalíticas*. Porto Alegre: Artes Médicas, 1994.

_____. *Privação e delinquência*. São Paulo: Martins Fontes, 1995.

Wisnik, José Miguel. *Sem receita — ensaios e canções*. São Paulo: Publifolha, 2004.

Zibordi, Marcos. "É como desenhar sem borracha, Jão". *Caros Amigos*, nº 110, jan. 2007.

© Editora de Livros Cobogó, 2021

Organização da coleção
Frederico Coelho e Mauro Gaspar

Editora-chefe
Isabel Diegues

Edição
Valeska de Aguirre

Gerente de produção
Melina Bial

Revisão final
Eduardo Carneiro

Capa
Radiográfico

Projeto gráfico e diagramação
Mari Taboada

CIP-BRASIL. CATALOGAÇÃO-NA-FONTE
SINDICATO NACIONAL DOS EDITORES DE LIVROS, RJ

R571r
Rocha, Arthur Dantas
Racionais MC's : sobrevivendo no inferno / Arthur Dantas Rocha. - 1. ed. - Rio de Janeiro : Cobogó, 2021.

(O livro do disco)

Inclui bibliografia
ISBN 978-65-5691-033-8

1. Racionais MC's (Conjunto musical) - História e crítica. 2. Rap (Música). 3. Música popular - Brasil - História e crítica. I. Título. II. Série.

21-71249
CDD: 782.421640981
CDU: 784.4(81)

Leandra Felix da Cruz Candido - Bibliotecária - CRB-7/6135

Todos os direitos em língua portuguesa reservados à
Editora de Livros Cobogó Ltda.
Rua Gen. Dionísio, 53, Humaitá
Rio de Janeiro, RJ, Brasil –22271-050
www.cobogo.com.br

O LIVRO DO DISCO

Organização: Frederico Coelho | Mauro Gaspar

The Velvet Underground | **The Velvet Underground and Nico**
Joe Harvard

Jorge Ben Jor | **A tábua de esmeralda**
Paulo da Costa e Silva

Tom Zé | **Estudando o samba**
Bernardo Oliveira

DJ Shadow | **Endtroducing…**
Eliot Wilder

O Rappa | **LadoB LadoA**
Frederico Coelho

Sonic Youth | **Daydream nation**
Matthew Stearns

Legião Urbana | **As quatro estações**
Mariano Marovatto

Joy Division | **Unknown Pleasures**
Chris Ott

Stevie Wonder | **Songs in the Key of Life**
Zeth Lundy

Jimi Hendrix | **Electric Ladyland**
John Perry

Led Zeppelin | **Led Zeppelin IV**
Erik Davis

Neil Young | **Harvest**
Sam Inglis

Beastie Boys | **Paul's Boutique**
Dan LeRoy

Gilberto Gil | **Refavela**
Maurício Barros de Castro

Nirvana | **In Utero**
Gillian G. Gaar

David Bowie | **Low**
Hugo Wilcken

Milton Nascimento e Lô Borges | **Clube da Esquina**
Paulo Thiago de Mello

Tropicália ou Panis et circensis
Pedro Duarte

Clara Nunes | **Guerreira**
Giovanna Dealtry

Chico Science e Nação Zumbi | **Da lama ao caos**
Lorena Calábria

Gang 90 & Absurdettes | **Essa tal de Gang 90 & Absurdettes**
Jorn Konijn

Dona Ivone Lara | **Sorriso negro**
Mila Burns

Racionais MC's | **Sobrevivendo no inferno**
Arthur Dantas Rocha

Nara Leão | **Nara — 1964**
Hugo Sukman

Marina Lima | **Fullgás**
Renato Gonçalves

Beth Carvalho | **De pé no chão**
Leonardo Bruno